국민은 굶주림과 경제적 어려움으로 동요한다.
살기 위한 투쟁에 나서며 목숨을 위협하는 총칼에 맞선다.
역사적인 혁명의 바탕에는 늘 배고픔이 있었다.
경제적 빈곤이 역사를 이끌고 바꾸었다.

현재의 변화를 올바르게 파악하면 미래에 훨씬 더 나은 결실을 맺는다.
정부와 정치 체계를 성공적으로 유지하려면 가까운 시일 내에
비경제적 위험 요소를 해결해야 한다.

저항과 혁명을 일으키기 위해서는 반드시 민중들을 열광시키고
혁명에 동원할 메시지가 필요하다.
과거 벌어졌던 저항과 혁명 역시 사람들에게 '메시지'를 던졌다.

우리는 대공황 이후 코로나19라는 가장 심각한 불황의 늪 속에 빠져 있다.
이런 팬데믹 상황에서 빠져나오기 위해선 지난 과거를 되돌아봐야 한다.

반란의 경제

옮긴이 최진선

영어를 전공하고 호주 맥콰리대학교Macquarie University에서 공부하였다. 국제행사에서 통역, International Student Fellowship 국제학생회에서 외국인 유학생에게 한국어를 가르치며, 영어와 한국어 두 언어를 잘 표현하는 일에 관심이 깊어졌다. 평소 경제, 금융, 심리학 분야에 많은 관심을 가지고 있다. 영어강사로 학생들을 가르치던 중 번역을 시작했다. 현재 전문번역가로 활동하고 있으며, 번역한 책으로《금융의 미래》등이 있다.

이메일주소: wordbridge@naver.com
인스타그램: igloo_0123

반란의 경제

펴낸날 2021년 5월 4일 1판 1쇄

지은이 제이슨 솅커
옮긴이 최진선
펴낸이 강유균
편집위원 이라야, 남은영
기획 • 홍보 김아름
교정 • 교열 이교숙, 양다은
경영지원 이안순
디자인 바이텍스트
마케팅 신용천

펴낸곳 리드리드출판(주)
출판등록 1978년 5월 15일(제 13-19호)
주소 경기도 고양시 일산서구 고양대로632번길 60, 207호(일산동, 대우이안)
전화 (02)719-1424
팩스 (02)719-1404
이메일 gangibook@naver.com
홈페이지 www.readlead.kr
포스트 https://post.naver.com/gangibook

ISBN 978-89-7277-349-8 (03320)

과거 위기와 저항을 통해 바라본 미래 경제 혁명

반란의 경제

제이슨 셍커 지음
최진선 옮김

THE ECONOMICS OF
REVOLT AND REVOLUTION

리드리드출판

contents

차례

작가의 말

저항과 혁명의 역사로 배우는 미래 경제

코로나19 바이러스가 팬데믹에 이르렀다. 이에 각 나라는 경제 폐쇄를 감행하며 감염 확산을 막기 위해 신속하게 움직이고 있다. 생명을 구하고 의료 시스템을 최대한 가동하며 사회적 거리 두기를 강하게 시행 중이다. 목표는 경제와 의료 시스템 모두를 지켜내는 것이다. 그럼에도 불구하고 피할 수 없는 직격탄을 맞고 있다. 세계 경제가 깊은 불황에 접어들면서 많은 이들이 일자리를 잃었고 실업률은 높아졌다.

2020년 2월 전미경제연구소NBER는 미국이 경기 침체에 돌입했다고 선언했다. 2020년 2분기는 미국 역사상 GDP 성장률이 크게 하락한 시기 중 하나가 될 조짐이다. 실직과 실업률도 급증해 16주 만에 약 5천만 명이 일자리를 잃었다. 높은 실업률은 인종 간 경제적 차별로 인해 발생했으며 미국 사회에 불안감을 드리웠다.

우리는 대공황Great Depression 이후 코로나19라는 가장 심각한 불황의 늪 속에 빠져 있다. 이런 팬데믹 상황에서 빠져나오기 위해선 지난 과거를 되돌아봐야 한다. 과거 저항revolt과 혁명revolution을 일으켰던 원인 중 하나인 경제 악화와 다른 요인들을 살펴보며 경제가 나아갈 방향을 잡아야 한다.

과거에도 경제불황과 팬데믹은 있었다. 세계는 이를 극복해냈고 승리했다. 현시점에서는 과거를 학습하며 미래를 위한 디딤돌을 놓아야 한다. 이것만이 위기에 대처하는 현명한 일이다.

이 책을 저술한 목표가 여기에 있다. 과거에 있었던 일들이 단기적, 중기적, 장기적 미래에 어떤 영향을 미칠 것인지 알아내는 것이다. '저항과 혁명을 부르는 경제The Economics of Revolt and

Revolution'의 측면에서 바라보았고, 역사적으로 중요한 저항과 혁명 이면에 영향을 준 사실 관계를 다루었다. 이를 바탕으로 현재 우리가 처한 상황뿐 아니라 미래에 연출될 수 있는 상황을 면밀히 분석했다. 100% 정확한 진단은 아니지만, 경제적 불안정으로 국민의 삶이 과거처럼 고통받는 일이 되풀이되지 않도록 대비하는 지침으로 삼을 수 있을 것이다.

불행했던 과거를 답습하는 일이 있어서는 안 된다. 정치, 경제, 사회, 문화 어느 분야를 막론하고 안정적이고 희망에 찬 미래를 설계하며 나아가야 한다.

어떤 책도 홀로 완성되는 법은 없다. 책이 출간되기까지 편집 작업, 파일 변환, 디자인, 프로젝트 기획 등의 과정을 거쳐야 하는데 팀이 있기에 가능했다. 이런 점에서 퓨처리스트 연구소The Futurist Institute, 프레스티지 이코노믹스Prestige Economics, 프레스티지 프로페셔널 퍼블리싱Prestige Professional Publishing 팀에게 고마움을 전하고 싶다. 많은 저서가 출판되도록 도와준 나우팔 파텔Nawfal

Patel 국장에게 특별히 감사하다. 나우팔 국장은 팀 운영과 전반적인 작업 흐름을 관리하며 순조롭게 일이 진행되도록 큰 도움을 주었다.

끝으로 독자 여러분께 감사를 표하고 싶다. 《반란의 경제》로 코로나19 팬데믹과 불황, 미래에 닥칠 수 있는 위험과 문제를 이해하는 시간이 되기를 바란다.

퓨처리스트 연구소 의장 제이슨 솅커

prologue

저항과 혁명의 역사는 미래 경제의 나침반

우리는 불안정한 시대를 살아가고 있다. 미래에 어떤 일이 일어날지, 어떤 위험이 앞에 놓여 있을지 모른다. 그러기에 더 불안하다. 가능하다면 불확실한 미래를 알고 만반의 준비로 위기에 대비하고 싶어 한다. 바로 이 점이 이 책의 주제이다. 과거에 일어났던 저항과 혁명이 코로나19 팬데믹과 불황 이후 미래에 어떤 암시를 주는지 이해하는 것이다. 과거의 역사와 비슷한 상황을 타개하고 극복한 전력에서 현재를 배울 때 미래에 대한 대비가 가능해진다.

경제는 두려움과 탐욕에 의해 움직인다. 코로나19 사태는 인간에게 심각한 고통을 안겨주었다. 바이러스는 인류의 생존을 위협하며 건강한 생활에 문제를 일으켰다. 어쩔 수 없는 격리는 심리적으로 극심한 스트레스가 되었다. 사회는 혼란스럽고 의료 체계는 넘쳐나는 감염자로 감당하기 어려운 지경이다. 시장 경제는 마비되었고 이로 인한 인류의 고통은 가중되었다.

나는 이 책의 주제인 불안정한 지금, 미래를 알 수 있는 시나리오를 쓰기 위해 과거 저항과 혁명을 둘러싼 15가지 역사적 사실 관계를 분석했다. 반복되는 역사가 지닌 패턴과 요인을 밝혀 문제와 결과를 진단하는 일이다. 과거 발생했던 일들을 분석하여 현재 상황에 적용해봄으로써 신빙성 있는 미래를 내다보았다. 코로나19 팬데믹과 불황 이후의 미래를 정확하게 예측하기 위한 작업이다. 그리고 바로 그것이 이 책을 쓰게 된 이유이다.

나는 기업, 산업체, 국가 안보 기관 등이 미래를 전략적으로 바라볼 수 있도록 돕는 미래학자이다. 이 책에서 다루는 내용과 매우 밀접한 주제를 연구해서 학위를 수여받았다. 학창시절 역사를 전공했는데 수강했던 강의는 대학원에서 배우는 수준이었다. 그 과정에서 스탈린주의Stalinism와 나치즘Nazism을 비교하고, 분석하는 열띤 토론을 펼치기도 했다. 역사 강의를 수강하면서 동시에 응용 경제학 석사뿐 아니라, 독일어 및 독일 문학 석사 과정까지 진행했다.

독일어 석사 학위 논문은 19세기 말 민족주의nationalism라는 주제에 초점을 맞추었다. 경제학 관련 석사 학위 논문은 화폐 이론과 경기 순환을 둘러싼 역사적 담론에 대한 것이었다. 마지막으로, 가장 중요한 나의 세 번째 석사 학위는 협상, 분쟁 해결, 평화와 관련이 있다. 이는 과제물을 제출하여 학위를 취득하는 코스웍coursework 방식이었는데, 갈등이론conflict theory과 국제 분쟁을 배우는 과정이었다. 이러한 학습과 경험이 내가 이 책을 집필하도록 이끌었다.

대학과 대학원에서 학습한 과정으로 퓨처리스트 연구소The Futurist Institute 학생들, 미래 장기분석가Long-Term Analyst™_FLTA™로 공인된 미래학자들, 기업 및 국가 보안 쪽 고객들을 포함한 나의 고객들을 돕고 싶었다.

변동성과 불확실한 상황이 극대화되어가는 시기에 전문가, 분석가, 컨설턴트는 미래가 어떻게 될 것인지 이해하고자 한다. 지금은 많은 리더와 미래학자들이 전 세계의 비전과 예상을 공유해야 할 때다. 책이나 강연, 언론이나 방송을 통해 자신의 의견과 진단을 서슴없이 발표하고 이를 토론해야 한다. 이에 나는 이 책을 발표하게 되었다.

이 책은 총 4PART로 구성되어 있다.

'PART 1, 왜 경제인가'에는 이 책을 쓰게 된 이유와 민생 안정을 위해 중요한 경제 조건, 희망으로 바라보고 싶은 경제, 미래학자로서 경제를 어떻게 전망하고 있는지에 관한 내용이 담겨 있다.

'PART 2, 저항의 시작점'에는 역사적 사건을 분석할 때 필요한 나의 주관적 기준과 틀, 그 분석의 범위와 한계, 과거에 발생했던 저항과 혁명을 담았다. 세계사에 남은 15번의 저항과 혁명 사례로 구성했다. 특히 혁명을 일으킨 주된 요인과 어떤 요소가 혁명을 성공적으로 이끌었는지, 아니면 실패로 이끌었는지 주목했다. 그 사건들의 공통점과 차이점을 찾아본다면 좀 더 흥미로울 것이라 확신한다.

수세기에 걸쳐 여러 지역에서 일어난 저항과 혁명이었다. 열악한 경제, 실제로 일어난 사건, 사람들이 인식한 경제적 기회 부족, 구조적 불평등, 주변국의 영향, 대규모 무력 충돌에서의 패배, 정치적 대표성의 결여 등 저항과 혁명의 바탕이 된 6가지 중요한 요인을 확인할 수 있다.

'PART 3, 세계 경제 위기 선언'에서는 이 책을 집필하던 당시의 경제 상황을 평가한다. 일자리와 실업, 재정 정책과 부채, 통화 정책과 현대통화이론, 불균형과 불평등, 강대국 간의 패권 경쟁, 국가 내부의 여러 정체성의 위험 등이다.

'PART 4, 경제 도약 미래를 꿈꾸다'에서는 미래를 향한 비전을 얘기한다. 반복되는 역사적 사건을 통해 그 경향과 패턴을 파악했다. 더 나아가 현재 경제와 사회에 얽힌 역학 관계를 밝히고 이를 토대로 미래를 전망하고 분석한다. 미래를 위협하는 가장 큰 발단과 동기가 무엇인지 알 수 있는 통찰력을 제공하기 위함이다. 국가 안보, 경제, 4차 산업혁명인 자동화 및 로봇화가 어떻게 전개될 것인지 몇 가지 다른 예측도 제시했다.

이 책은 과거를 분석하고, 현재를 논의하며, 미래를 내다보도록 돕는다. 어떤 미래를 맞이하든지 준비된 현명한 리더가 되어야 한다. 미래는 알 수 없고 불확실하다. 이 점을 역설적으로 보면 그 가능성이 무한대로 열려 있다는 말이 된다. 미래를 만들어 나가는 방법 또한 무한하다. 그리고 당신이 있기에 가능하다.

나는 잠재된 미래를 설계하는 데 이 책이 도움되리라 확신한다.

이 점을 기억하면서 시작해보자!

미래학자의 주된 목표는 의사결정자들이 과거의 트렌드,
변화의 주된 요인, 현재의 현실을 반영해 미래를 바꿀 핵심 수단을
이해하도록 돕는 일이다. 그래서 미래학자의 예측은 금융 시장처럼
변동성이 크고 단기적 움직임을 보이는 분야를 대상으로 삼지 않는다.

PART 1

왜 경제인가

THE ECONOMICS OF
REVOLT AND REVOLUTION

THE ECONOMICS OF REVOLT AND REVOLUTION

경제란 사람이 살아가는 데 필수 요소인 의식주를 담당하는 기둥이다. 물물교환으로 시작된 경제 활동이 금융 거래로 이어졌다. 정치에서 말하는 민생 안정은 국민의 경제 안정, 경제 활성화, 경제 발전 및 성장과 관련 있다. 현재의 경제 상황은 과거의 어떤 문제에서 유발되었다고 해도 과언이 아니다. 현실 문제를 극복하기 위해 현재 시행되는 경제 정책은 미래에 영향을 미친다. 여기서는 우리 삶에 영향을 미치는 경제의 조건을 살펴보고 미래를 진단해보자.

CHAPTER 01

민생 안정을 위한 조건, 경제

정부정책과 사회 변화를 이끄는 중요한 요인은 무엇일까? 경제학자들은 '먹고사는 문제'를 가장 먼저 꼽는다. 사람들에게 음식이나 기본적인 필수품이 공급되지 못하면, 사회는 불안감으로 뒤덮이고 혼란을 초래한다는 것이다.

이 개념은 1928년 독일에서 초연된 베르톨트 브레히트Berthold Brecht와 쿠르트 바일Kurt Weill의 희곡 〈서 푼짜리 오페라The Threepenny Opera〉에서 좀 더 명확하게 드러난다. 이 오페라는 독일이 대공황을 겪기 바로 직전인 초인플레이션hyperinflation의 상황을 그렸다. 극 중 '칼잡이 맥'이라 불리는 사악한 맥키 메서Mackie Messer가 질문을 던진다.

"사람이 살기 위해서 무엇이 필요한가?"

이 질문의 대답은 이렇다.

"먹는 것이 먼저이며, 그 다음이 도덕성이지."

즉, 살기 위해서는 음식이 가장 중요하다는 뜻이다.

경제계에서는 이를 '배고픔을 해결하는 경제' 개념으로 논의한다. 아주 간단해보이는 이 문제가 저항과 혁명을 일으키는 중요한 요소로 작용한다. 또한, 이 책의 27장에서 다룰 국가 안보가 갖는 위험인 'NOISE 프레임 워크'의 기반이다.

코로나19 사태가 점점 확대될 무렵, 나는 미국 국방부의 업무 일부를 맡고 있었다. "식량 및 기본 생필품의 공급망suppy chain이 사람들의 요구만큼 원활하게 유지되는가?"라는 주제의 업무였다. 관계자들과 논의 끝에 우리는 지금까지 꽤 '운'이 좋았다는 결론에 도달했다. 만약 공급망이 불안정하여 식량이나 생필품 공급이 원활하게 이뤄지지 못했다면, 미국뿐 아니라 더 나아가 세계 전체가 불안감에 휩싸이는 상황을 맞이할 수도 있었다. 그렇게 되면 국가 차원에 상당한 위협이 된다. 물론 그 강력한 영향력이 여전히 지속해서 이어지고 있지만, 지금까지는 다행히 국가 안보에 문제가 될 정도로 확대되지 않았다.

과거에 일어났던 저항과 혁명의 역학 관계를 고려할 때, 혁명을 일으키는 중요한 결정 요인 중 하나는 "민중이 얼마나 배가 고팠는가?"이다. 민중의 배고픔 정도는 정권과 정부 체제를 완전히 전복시킬 만큼 충분한 동기를 부여한다. 반대로 경제적 어려움이 덜한 시위와 저항은 전면적인 변화를 만들어내지 못한다. 1968년 프랑스 5월 혁명과 1789년에 일어난 프랑스 대혁명the French Revolution, 1933년 독일의 마흐터그라이풍(Machtergreifung(나치당의 정권 장악-옮긴이), 구소련의 붕괴가 만들어낸 변화와 극명한 대조를 이루는 까닭이 여기에 있다.

비내구재nondurable goods(단기의 사용으로 소모되어버리는 재화로 식료품·비누·담배 등이 이에 해당한다-옮긴이)는 코로나19 이후의 세계에서 더욱 중요해질 전망이다. 비내구재가 안정적인 양상을 보일 때 경제 및 사회 시스템이 안정적으로 유지된다. 그러나 실업률이 계속 높은 상태를 이어가고, 많은 사람이 거리로 내몰리는 위험에 처하면 사회 전반에 혼란과 갈등이 초래된다.

2장에서는 배고픔의 해결, 즉 '먹고사는 문제'가 저항과 혁명을 어떻게 유발했는지 그 역사를 좀 더 자세히 살펴보겠다. 이어 3장에서는 2020년 7월 시점에서 드러난 경제 상황을 고찰해보고, 앞으로 어떤 미래가 전개될지를 논하고자 한다.

CHAPTER 02

희망적으로 보고 싶은 경제

먹고사는 문제는 누구나 녹록지 않다. 이런 현실과는 다르게 사람들은 희망을 논하며 긍정적으로 사고한다. 코로나19 팬데믹과 경기 불황에도 희망적 사고는 사회 곳곳에 퍼졌다. 피해 내용을 유전자처럼 복제하고 진화시켜 극단적으로 쏟아낼지라도 곧 종식될 것이라고 믿는다. 신문기사와 방송, 페이스북과 인스타그램에 과도하게 부풀려진 기사가 쏟아지는 중에도 희망을 버리지 않는다.

전통적인 매체와 디지털 미디어 플랫폼에서 나타나는 낙관주의는 정상급 기업과 정부 차원에서도 볼 수 있다. 최근 텍사스 주

연방 공무원들과 얘기를 나눌 기회가 있었다. 그들에게 우려 사항들, 이를테면 미래 노동력과 미국 경제의 미래, 또 2020년 미국 대통령 선거 이후와 관련한 몇 가지 위험 요소를 어떻게 생각하는지 물었다. 그들은 코로나19가 조만간 대부분 종식될 것으로 전망했다. 그들은 어떤 근거로 그렇게 대답했을까?

우선 사회적 거리 두기가 어느 정도 생활로 정착되고 있다는 점을 들었다. 20~30대 젊은 층 역시 마스크를 착용하고 술집이나 콘서트 방문을 삼가는 등 좀 더 책임감 있게 행동한다는 것이다. 정부에서도 코로나19 확산을 막기 위한 최선의 노력을 다하고 국민도 방역 지침을 준수하는 점을 꼽았다.

코로나19는 사회를 변화시켰다. 개인주의적이고 자기 위주의 사고방식을 가진 수많은 사람이 전염병 확산을 늦추기 위해 갑자기 이타주의로 전환했다. 자기중심적 사고에서 덜 이기적인 방식으로 스스로 행동하고 있다. 코로나 이전의 사람들은 외부 환경이 자기 삶에 끼치는 영향에 인내하지 않았다. 특히 20~30대 젊은 층은 사회 안정을 위해 자기 생활이 통제되는 것을 거부했다. 하지만 이제는 이들조차 솔선수범하여 생활방식에 지장을 주거나 사회생활을 방해할 수 있는 사회적 거리 두기 실천에 동참하고 있다.

그리고 백신과 치료제가 예상보다 빨리 개발되었다. 백신 개발에 최소 4년 이상 걸릴[1] 것이며 임상시험을 거쳐 승인 및 접종까지는 더 오랜 시간이 필요하다는 우려를 씻어냈다. 물론 이 백신의 부작용 및 불신이 완전히 불식된 것은 아니다. 미국 질병관리본부CDC는 모든 백신의 효과가 40~60% 수준이라고 한다. 이 수치는 일반화된 독감 백신도 마찬가지다.[2] 또한, 백신은 부작용의 우려가 있다. 그 부작용의 증상이나 영향은 예방하는 질병보다 잠재적으로 더 심각한 결과를 초래할 수도 있다. 그럼에도 불구하고 현재 여러 나라에서 코로나 백신 접종이 시작되었다. 백신 외에 코로나 팬데믹 사태에서 벗어날 다른 방법이 없기 때문이기도 하지만 많은 사람이 여기에 긍정적으로 반응하는 데 그 요인이 있다.

빠른 백신 개발과 접종은 경제를 낙관적으로 이끈다. 먼저 사람들은 심리적 안정감을 되찾아가고 있다. 백신 접종이 확대되면서 팬데믹 상태에서 벗어날 것이라 확신한다. 이는 소비심리를 정상으로 돌리며 개인의 활동 범위를 넓히는 계기가 되어 경제 활성화로 이어지게 된다. 기업의 적극적인 생산 활동은 투자심리를 되살리고 소비를 자극한다. 이로써 침체되었던 각 산업 분야에 활력을 불어넣는다.

다음으로 국가 내 국민의 결집력이 강해졌다. 경험해보지 못했던 팬데믹은 사람들에게 공동체 속 개인의 역할의 중요성을 인식시키고 자발적 희생을 선택하도록 만들었다. 자유나 권리가 침해받는 데도 체제의 권고에 따르고 '나'를 보호하고 '타인'을 배려하는 문화가 조성되었다. 자신의 자유를 내려놓고 다수의 이익과 공공의 선을 위한 실천을 보여준 것이다. 이는 코로나 이후의 사회를 발전시킬 원동력이 될 것이다.

마지막으로 산업이나 문화의 방향이 미래지향적으로 바뀌었다. 비대면 수업이나, 모임, 토론, 온라인 전시나 공연은 기대 이상의 호응을 일으켰다. 위기의 순간에 우리 시대가 가진 잠재력으로 새로운 길을 개척한 모습이다. 이에 우리는 희망을 본다.

CHAPTER 03

미래학자로서 내다본 경제

나는 15년 이상 경제학자로 활동하면서 미래를 예측했다. 내가 해오던 예측이 일정 부분 맞지 않았던 적도 많았다. 물론 예견대로 정확하게 들어맞았다면 더할 나위 없이 좋았겠지만 경제 예측 전문가가 가지는 목표는 '정확하고 정밀한 예측'은 아니다. 전문인이라고 해서 모든 것을 안다고 어떻게 기대하겠는가? 단지 경제학자의 역할에 충실히 해 미래에 펼쳐질 예측 및 예상에 '올바른 방향'을 잡아줄 뿐이다. 그러나 경제학자가 아니라 미래학자의 역할이 부여되면 목표는 달라진다.

미래학자의 주된 목표는 의사결정자들이 과거의 트렌드, 변화의 주된 요인, 현재의 현실을 반영해 미래를 바꿀 핵심 수단을 이해하도록 돕는 일이다. 그래서 미래학자의 예측은 금융 시장처럼 변동성이 크고 단기적 움직임을 보이는 분야를 대상으로 삼지 않는다.

전문적으로 활동하는 응용 미래학자인 분석가, 자문위원, 전략가는 어떤 미래가 전개되기 위해 충분히 필요한 조건이 무엇인지 알고, 미래에 어떤 일이 벌어질지 생각하도록 도와준다. 2, 3차적으로 발생할 수 있는 파급 효과까지 고려해 비전을 제시하고 사회가 나아가는 방향을 보게 한다. 더 나아가 다가올 미래를 예측했다면 예측대로 실행될 가능성이 얼마나 되는지 평가하는 것도 중요하다. 일부 사람들이 그 평가에 동의하지 않는다면 자신의 의견에 근거를 제시하며 증명해야 한다. 그래야 미래학자로서 신뢰를 얻는다. 나는 이를 토대로 4년 가까이 미래학자로서 민간기업, 공기업, 투자 회사, 컨설팅 회사, 국가 안보 기관의 조직들이 장기적인 계획을 전략적으로 잘 수립할 수 있도록 도와 왔다.

코로나 이후의 세계

식량, 쉴 수 있는 공간, 안전은 인간이 살아가기 위해 기본적으로 필요한 요소이다. 또한 필수적 요소이기도 하다. 아주 먼 미래에도 이 요소들은 인간 삶의 밑바탕을 구성할 것이다. 그렇기에 이 요소가 사회적 불안과 혼란을 불러오는 촉발제가 될 수 있다. 인간의 삶을 지탱하는 기본 요소가 충족되지 않을 때 사람들은 분노한다. 자기희생을 자처하면서까지 저항과 반란을 일으킨다.

그러므로 코로나19 팬데믹과 불황 이후의 세계를 파악하고자 한다면, 과거 저항과 혁명을 일으켰던 계기를 분석하고 이해해야 한다. 오늘날의 팬데믹 현상이 우리를 어떤 미래로 인도할지 귀추를 주목해서 과거를 연구하는 것이다.

미래학자의 역할

미래 트렌드와 기술을 장기적으로 분석하고, 전략적으로 계획하는 일은 시간이 갈수록 더욱 중요해진다. 바로 이 지점에서 미래학자의 역할이 나온다. 지금처럼 불안하고 불확실한 상황에서만 두드러지는 것이 아니다. 앞으로 기술이 구현하는 일이나 사회의 변화, 과학의 발전을 이끄는 역할을 미래학자가 담당할 가능성이 크다. 그런 의미에서 이 책을 읽을 때 내가 공유한 트렌드, 자료, 미래에 대한 큰 틀이 여러분의 비전과 전략을 만들어나가는 데 도움이 되길 바란다. 많은 것이 바뀌게 될 코로나19 이후 세계에서 유용하게 사용되리라 확신한다.

'글쓰기'에 대해 미래학자로서 가지는 부담감

급변하는 시대에 미래학자의 역할이 중요해지고 있다. 하지만 미래학자로서 미래에 어떤 일이 벌어질지를 놓고 '글'을 쓰는 것은 위험 부담이 있다.

이 책에서 말하는 많은 주제도 빠르게 바뀌고 과학기술의 발전은 비약적이며 사회적 현상은 불확실하게 전개된다. 이를 느끼는 강도는 수용하는 개인차에 따라 다르다. 그럼에도 나는 미래의 잠재적 비전과 전개될 방향을 공유하는 일이 중요하다고 믿는다. 국가 안보, 경제, 로봇과 자동화로 인한 미래가 사회에 끼치는 영향과 파급력을 예견해주며 많은 이들이 이에 대한 계획을 세울 수 있도록 도울 수 있기 때문이다. 어쩌면 동시대를 살아가는 사람의 고민을 나누는 일이며 잠재적 가능성이 있는 미래를 여는 일이기도 하다. 이 믿음이 위험 부담을 안고서도 이 책을 쓸 수 있도록 나를 이끌었다.

저항과 혁명을 일으키기 위해서는 반드시 민중들을 열광시키고 혁명에 동원할 메시지가 필요하다. 과거 벌어졌던 저항과 혁명 역시 사람들에게 '메시지'를 던졌다. 저항과 혁명이 전달하는 메시지는 힘이 있어 대중을 사로잡는다.

PART 2

저항의 시작점

THE ECONOMICS OF
REVOLT AND REVOLUTION

THE ECONOMICS OF REVOLT AND REVOLUTION

국민은 굶주림과 경제적 어려움으로 동요한다. 살기 위한 투쟁에 나서며 목숨을 위협하는 총칼에 맞선다. 역사적인 혁명의 바탕에는 늘 배고픔이 있었다. 경제적 빈곤이 역사를 이끌고 바꾸었다. 이는 세계적인 현상으로 국민성이나 민족정신과는 무관한 살기 위해 목숨을 건 싸움이었다. 무능한 지도자 탓도 있지만 열악한 환경과 조건으로 경제의 흐름이 막힌 경우도 있다. 과거 18세기 이후 일어난 사건들을 짚어보고 경제난이 빚어낸 역사의 단면을 통찰해보고자 한다. 여기서 언급한 사건들이 모두 하나의 맥으로 통하는 것을 알 수 있다. 그것을 찾아보자.

CHAPTER 04

저항과 혁명을 일으키는 틀

과거는 저항과 혁명의 사례로 넘쳐난다. 이 책의 제목에서도 알 수 있듯 열악한 경제적 상황은 혁명의 주범이었다. 특히 '성공한 혁명'에서는 그 역할이 두드러졌다. PART 2 저항의 시작점인 '과거편'에서는 저항과 혁명을 유발하는 다음 여섯 가지 요인을 기준으로 이전의 15개의 저항과 혁명을 분석한다. 여섯 가지 요인은 다음과 같다.

① 전반적으로 열악한 경제 조건

② 실제로 일어난 그리고/또는 사람들이 인식한 경제적 기회 부족

③ 실제로 일어난 그리고/또는 사람들이 인식한 구조적 불평등

④ 실제로 일어난 그리고/또는 사람들이 인식한 외국의 영향

⑤ 가까운 시일 내 대규모 무력 충돌에서의 패배

⑥ 정치적 대표성political representation의 결여

물론 모든 혁명과 저항을 동일하게 볼 수는 없다. 그러나 분명 공통점은 존재한다. 열악한 경제 상황, 사람들이 인식한 경제적 기회 부족 이 두 가지 요소는 성공한 혁명을 일으킨 결정적인 요인이었다. 이를 [도표 4-1]에 분석하여 정리했다.

분석 범위의 제한

분석할 때는 분석의 범위를 먼저 정해야 한다. 이 책에서는 과거 저항과 혁명 사례를 고찰했다. 하지만 베를린 장벽 붕괴 이후 구소련의 지배 아래 있던 발트삼국the Baltics(발트해 동쪽 연안에 있는 에스토니아, 라트비아, 리투아니아)과 소련의 지배를 받은 지역들의 독립운동과 같은 20세기 후반 식민지 관련 혁명은 제외했다. 민족주의 혹은 민족자결주의는 운동, 저항, 혁명의 핵심 요소이지만 식민지 저항 운동 이외에도 인권과 평등 등 다른 요소 운동의 근간이 되었기 때문이다. 예를 들어 19세기 전환기에 일어났던 아이티 혁명Haitian Revolution 역시 다수의 요인에 의해 추진된 혁명 또는 반란이라기보다, 그 핵심 요인이 식민지 노예 제도를

[도표 4-1] 저항과 혁명의 유발 요인

저항과 혁명의 유발 요인	전반적으로 열악한 경제조건	실제 및 또는 인식된 경제적 기회 부족	실제 및 또는 인식된 구조적 불평등	실제 및 또는 인식된 외국의 영향	가까운 시일 내 대규모 무력 충돌에서의 패배	정치적 대표성의 결여
미국-1776		X	X			X
프랑스-1789	X	X	X	X		X
프랑스 및 유럽-1848	X	X	X			X
중국-1899	X	X	X	X		
러시아-1905	X	X	X		X	X
러시아-1917	X	X	X		X	X
독일-1918	X	X	X		X	X
독일-1933	X	X	X	X	X	X
쿠바-1959	X	X	X	X		
미국-1968			X		X	X
유럽-1968			X	X		
이란-1979			X	X		
소련-1989	X	X		X	X	
베네수엘라-1998	X	X				
아랍의 봄-2010	X	X	X	X		X

출처: 프레스티지 이코노믹스, 퓨처리스트 인스티튜트

반대하는 저항에서 일어난 혁명이었다. 따라서 나는 아이티 혁명과 같은 사례들은 이 책에서 배제했다.

1776년에 발발한 미국혁명은 식민지 저항 운동이 아니다. 미국 내에서 민족, 인종, 민족자결주의와 관련한 혁명의 바람이 불기에는 그만한 화력이 부족했다(민족자결주의는 19세기 말의 개념이다). 영국의 식민 통치 압제에서 정치적 자유와 민주주의를 쟁취하고자 했던 혁명이라기보다는, 영국 시민으로서 영국인들과 똑같이 대우받기를 기대하는 투쟁이었다. 미국인들의 뿌리가 영국임을 감안하면 미국혁명은 애초에 인종적 또는 민족적 독립이 형성될 수는 없었다. 통치의 평등을 요구하고 불합리한 제도 개선을 요구한 혁명이라고 해야 맞다.

내가 유일하게 포함한 식민지 저항 운동은 '쿠바 혁명'이다. 언뜻 보면 식민주의 대항 혁명인 듯 보인다. 하지만 쿠바는 공식적으로 독립된 영토였기 때문에 전형적인 반식민주의 운동이라 볼 수 없다. 그런데 지정학적 범위가 넓지 않은 작은 나라들의 쿠데타, 제1차 세계대전과 제2차 세계대전 사이 유럽 전역에 발생한 수많은 쿠데타와 혁명 사례 역시 이 책에서 다루지 않는다. 물론 주목할 만한 예외도 있다. 1918년 바이마르 공화국의 탄생과

1933년 나치당이 독일의 권력을 장악한 일은 오랜 기간 역사에 영향을 주었다. 이 사건이 갖는 중요성이 매우 크기에 예외적으로 독일의 나치 정권과 관련한 사례는 포함했다.

덧붙여서, 제2차 세계대전 발발 이후부터 줄곧 나치 동맹국이었던 이탈리아와 비시Vichy(프랑스 오베르뉴 주에 있는 도시-옮긴이), 헝가리와 루마니아에 이르는 수많은 국가와 독일 나치 정부의 연장선이라 할 수 있는 동맹 정부가 이끌었던 파시스트 운동과 혁명 또한 배제되었다. 마찬가지로, 제2차 세계대전 후 동유럽 국가에 공산주의 정부가 서서히 들어섰던 일도 이 책에 포함되지 않았다.

실패한 혁명이 갖는 영향력은 그다지 크지 않다. 따라서 이들도 내용에 포함시키지 않았다. 대표적인 사건으로는 1919년 바이에른 소비에트 공화국Bavarian Soviet Republic(1919년 독일에서 약 1개월간 짧게 존속한 공산주의 국가-옮긴이)의 수립과 1923년 히틀러가 일으킨 루덴도르프 폭동Hitler-Ludendorff-Putsch(1923년 국가 사회주의 독일 노동자당(나치당)의 아돌프 히틀러가 일으킨 미수로 끝난 쿠데타-옮긴이)이 있다. 루덴도르프 폭동은 다른 말로 맥주홀 폭동Beer Hall Putsch이라고도 불린다. 앞서 언급한 반란과 혁명이 더 큰 규모의 운동이었다. 그렇지만 역사의 발전과 매우 밀접한 관련이 있는 사건이더라도 지속하지 못하고 결국 실패로 막을 내렸다.

또한, 지역 특성으로 인해 발생하거나 규모의 한계가 있어서 광범위한 영향력이 부족한 반란, 저항, 시위 등도 제외되었다. 위스키 반란Whiskey Rebellion(1794년, 미국 농민들이 위스키에 부과된 세금에 반대하여 일으킨 폭동-옮긴이), 월가 시위Occupy Wall Street(2011년 빈부격차 심화와 금융기관의 부도덕성에 반발하면서 미국 월가에서 일어난 시위-옮긴이), 1992년 L.A 폭동 등이 대표적인 사례들이다.

이 책이 다루는 저항과 혁명 사례에서 내전civil wars 역시 배제되었다. 큰 내전 중 많은 수가 미국 남북전쟁 같이 정부 간 분쟁이거나, 중국 국공내전(중국에서 항일 전쟁이 끝난 후 중국 재건을 둘러싸고 국민당과 공산당 사이에 벌어진 내전-옮긴이)처럼 서로 정치적 이념이 충돌하여 벌어진 전쟁이고, 베트남 전쟁과 같이 상당 부분 외부 세력들이 개입하여 행해진 대리전쟁에 가깝기 때문이다.

물론 여기에 언급한 15가지 역사적 사건 외에도, 이 책의 주제와 일치한 사례들이 있을 수 있다. 그러나 이미 밝혔듯 책을 구성하기 위해 어느 정도 범위와 한계선이 필요했다. 백 가지 사건을 표면만 아는 것보다, 한 가지 사건이라도 '제대로' 파악하는 것이 중요하다고 믿기 때문이다. 장담하지만 이 책에 실린

15가지 사례만으로도 내가 말하는 주제를 전달하기에 충분하다고 생각한다.

제외된 사례가 주는 시사점

역사와 경제 상황으로 봤을 때 저항과 혁명이 충분히 일어날 법한데 신기하게 일어나지 않은 지점이 있다. 표면상 보면 혁명을 일으키는 중요한 요소 중 '실제로 일어난 그리고/또는 사람들이 인식한 경제적 기회 부족'과 더불어 '전반적으로 열악한 경제 조건'이 보인다. 그러나 '정치적 대표성'이 크게 결여되지 않았기에 저항과 혁명이 발생하지 않은 것이라고 분석된다.

대공황 시절 참담한 경제 상황을 고려했을 때 이것이 미국의 큰 혁명으로 이어지지 않았다는 사실은 매우 놀랍다. 여기에는 여러 이유가 있겠지만 일단 정부 상황이 안정적이었고, 시민들이 강한 국가 정체성을 갖고 있었다는 점이다. 또한 평등과 민주주의 개념을 바르게 인식하고 있었다. 바로 이 점이 이전의 방식과는 확연히 다른 시스템과 매우 급변하는 경제 상황 속에서도 저항과 혁명이 일어나지 않도록 막는 방패막이가 되었다.

경제적인 측면에서는 '뉴딜 정책New Deal'이 저항과 혁명을 억제하는 데 상당한 역할을 했다. 여기에 더해 사회 구성원들은 국가의 정체성을 인정하고 민주주의 규범을 따랐다. 이는 공공사업 시행 등 경제적인 해결책을 제시하는 것만큼 중요하다.

현대에 들어 SNS의 발달은 국가에 버금갈 만큼 막강한 힘을 가지고 있다. 그런데 아이러니하게도 SNS의 영향으로 점점 더 단결되기 어려운 세상이 되어가고 있다. 계층 간 갈등과 극단적인 이념의 대립이 양산되는 상황이다. 이러한 시점에서는 '국가 정체성'이 더욱 중요하게 부각된다. 이에 대한 자세한 내용은 '26장 국가 내부의 여러 정체성'에서 설명하겠다. 우선, 15가지 저항과 혁명 사례를 살펴보도록 하자!

CHAPTER 05

1776년 미국, 불평등한 과세에 저항하다

미국 독립혁명American Revolution은 민주주의를 대표하는 혁명이다. 물론 동의하지 않을 수도 있지만, 최소한 미국인의 관점에서는 그렇다.

사회계약설을 주장한 로크 사상의 영향을 받은 미국 독립혁명은 민주주의 정부를 설립하는 계기가 되었다. 민주주의 제도에 이미 익숙했던 개척자들은 영국과 유사한 제도를 도입했다. 그래서 독립혁명 이후 조직된 정치 구조는 혁명 이전에 존재했던 제도의 확장 및 개선의 의미를 띤다. 이런 이유로 미국 독립혁명은 진정한 혁명이라기보다 내전civil war에 가깝다.

미국 독립혁명과 같은 변화는 연합국이 되기까지 수많은 사건을 겪어왔던 영국의 역사에서 상당히 자주 볼 수 있다. 대표적으로 대혁명Great Revolution뿐 아니라 대헌장Magna Carta(1215년 영국 왕 존이 귀족들의 강압에 따라 승인한 칙허장勅許狀, 근대 헌법의 토대가 됨-옮긴이)은 영국의 주요 변화를 이끌었다. 그러나 이 혁명들은 '대중'이 주도했던 혁명이 아니다. 각각 혈통의 절대적인 통제하에 이뤄졌던 변화이다. 누군가는 오히려 이런 종류의 혁명들이 '통합 국가 형성'이라는 결과를 이끈 영국 내전English Civil War(1642~1651년까지 잉글랜드 왕국의 왕당파와 의회파 간에 있었던 내전, 의회파가 승리하면서 의회의 권력이 왕을 능가하게 됨, 입헌군주제가 되는 발단이 된 사건-옮긴이)과 좀 더 유사하다고 주장한다. 그러나 영국 내전 역시 민중이 움직여서 생긴 전쟁이라기보다 무장한 정치조직의 충돌에서 비롯되었다. 일부 민중은 새로운 정부의 출범을 반대했다.

영국이 미국을 통치하는 동안 미국인들은 영국인이 아니라는 이유로 차별대우를 받았다. 또한 미국인에게만 부과되는 세금을 내야 하는 불평등을 겪었다. 설탕법Sugar Act, 인지법Stamp Act 등이 식민지인들의 생활에 직접 부담을 주었다. 그중 인지법은 특히 원망의 대상이 되었다. 인지법은 신문, 서적, 공문서, 트럼프, 학위증명까지 정부의 인지를 첨부하도록 규정하고 있었다. 이에 식민지 대표들은 뉴욕에 모여 "대표 없는 곳에 과세할 수 없다." 라는 원칙을 확인하였다.

혁명은 이런 불합리를 거부하는 세력에 의해 일어났다. 미국인들이 겪은 불평등한 대우는 정치적 대표자의 부재에 따라 더욱 악화되었다. 미국인들은 의회가 정한 법률에 의거하지 않고서는 조세를 부과, 징수할 수 없다는 '조세법률주의no taxation without representation'를 영국에 요구했다. 영국이 이를 받아들이지 않자 영국 상품을 보이콧하며 민병대를 조직했다.

미국인들은 정부 및 준정부 체제를 구성하여 그 체계대로 움직였다. 더 나아가 독립선언서the Declaration of Independence 속의 장황한 계몽사상 글귀와는 달리, 혁명조직과 새롭게 구성된 정부는 프랑스 대혁명French Revolution 이후 발생한 투쟁이나 공포 정치Reign of Terror에 비하면 그다지 '혁명적'이지 않았다. 즉, 미국혁명은 '테르미도르 반동Thermidorian reaction 같은 사건을 경험해보지 않았다는 것이다.

프랑스 대혁명 이후 권력 공백으로 전제 권력의 통합이 잠재적으로 이루어졌을 때 테르미도르 반동이 일어났다. 권력을 잡아 공포 정치를 주도한 로베스피에르가 반대파에 의해 살해당했다. 이 사건으로 인해 프랑스 혁명은 실질적으로 막을 내렸다. 그로 인해 새롭게 생긴 민주적·혁명적 제도나 구조, 변화도 막을 내리게 되었다.

미국혁명의 이해를 돕기 위해 그들이 싸워야 했던 이유를 명기한 독립선언문을 여기에 인용한다.

인류의 역사에 있어서 한 민족이 다른 민족과의 정치적 유대를 끊고 세계의 여러 국가 사이에서 자연법과 신의 법이 부여한 독립 평등의 지위를 차지하는 것이 필요하다고 생각하게 되었다. 이때 인류의 신념에 대한 엄정한 고려는 우리로 하여금 독립을 요청하는 여러 원인을 선언하지 않을 수 없게 하였다.

모든 사람은 나면서부터 평등하고 조물주는 인간에게 몇 가지

1776년 7월 4일 미국 독립 선언서를 발표하는 13개 주의 대표

양도할 수 없는 권리를 부여하였다. 그 권리 중에는 생명과 자유와 행복의 추구가 있다는 것은 자명한 진리이다. 이 권리를 확보하기 위하여 인류는 정부를 조직하였으며, 정부의 정당한 권력은 국민의 동의로부터 유래한다.

어떠한 형태의 정부이든 이러한 목적을 파괴하였을 때는 그 정부를 변혁하거나 파멸하여 새로운 정부를 조직하는 것이 국민의 권리이다.

혁명의 6가지 주요 요인을 고려해볼 때, 미국 독립혁명의 주요 동인動因은 다음과 같다.

- 실제로 일어난 그리고/또는 사람들이 인식한 경제적 기회 부족
- 실제로 일어난 그리고/또는 사람들이 인식한 구조적 불평등
- 정치적 대표성의 결여

CHAPTER 06

1789년 프랑스, 혁명을 부른 공포정치

저항과 혁명이 난무하는 역사에서 가장 전형적인 혁명은 프랑스 대혁명이다. 당시는 경제적으로 엄청나게 불평등했고 열악한 환경에 식량난까지 겹쳤던 시기였다. 정부 및 정치 시스템은 민중에게 매우 억압적이고, 균등한 기회를 제공하지 않았으며 정치적 대표성도 결여된 상태였다.

프랑스 역사에서 부연설명을 가장 길게 덧붙여야 하는 부분은 '혁명이 일어났던 때'이다. 혁명 전 시대는 프랑스 혁명 때 타도의 대상이었던 절대왕정 체제이다. 바로 앙시앵 레짐ancien régime인 구체제이다. 절대왕정 체제가 유지되는 동안 경제와 정치에서 새로운 기회를 기대하기란 어려웠다. 결국, 절대왕정 체제는 급진적으로 발생한 혁명에 의해 무너진다.

프랑스 대혁명의 전형적인 특징 중 하나는 '권력의 공백'이다. 독재 정권의 시대가 막을 내린 후 권력에 공백이 생겼다. 대혁명이 일어났지만 전제 정치와 완전한 단절을 이루지는 못한 것이다. 그 결과 궁극적으로 더욱더 강화된 독재 정권을 탄생시켰고, 반혁명counterrevolution(혁명을 반대하거나 적대하는 운동. 1790년 G. J. 당통에 의하여 처음으로 프랑스 혁명에 대한 반대 운동을 가리키는 말로 사용됨-옮긴이)이라는 결과를 낳았다. 그러나 급진적 투쟁

낡은 질서를 허물어버린 프랑스 대혁명

은 권력통합을 추구하는 보수의 바람이 일면서 주춤한다. 그 사이 독재적으로 권력을 통합한 막시밀리앵 로베스피에르Maximilien Robespierre의 공포 정치가 자리를 차지했다.

로베스피에르는 정권을 장악하기 위해 공포감을 조성했다. 그가 속한 자코뱅당은 대유럽 전쟁 수행을 위해 모든 식료품의 최고가격을 정했다. 그리고 국내 치안에 혁명민병대를 동원해 반혁명분자와 곡물 사재기 행위를 단속했다. 대규모 징병, 독재적 경제관리, 전면전을 위해 철저한 공포정치를 강화한 것이다. 이로써 대외 전쟁은 성공적으로 추진되었지만 국민의 반감은 높아지기만 했다.

이에 반발한 사건이 '테르미도르 반동'이다. 혁명기에 프랑스는 달력을 개정해 '월月'을 나타내는 명칭을 모두 새롭게 바꾸었다. '테르미도르'라고 명명하는 이유는 막시밀리앵 로베스피에르가 '테르미도르' 월月(11월)에 처형되었기 때문이다.

이후 권력은 나폴레옹 보나파르트Napoleon Bonaparte가 잡았다. 뒤이어 프랑스 제국French empire 시대가 열렸다. 프랑스 제국이 수립되면서 각 대륙의 수많은 나라를 식민 통치했을 뿐 아니라 유럽의 많은 지역에 혁명의 변화와 자유를 가져다주었다.

혁명을 일으키는 6가지 주된 요인을 고려했을 때, 프랑스 대혁명을 일으켰던 동인은 다음과 같다.

- 전반적으로 열악한 경제 조건
- 실제로 일어난 그리고/또는 사람들이 인식한 경제적 기회 부족
- 실제로 일어난 그리고/또는 사람들이 인식한 구조적 불평등
- 실제로 일어난 그리고/또는 사람들이 인식한 외국의 영향
- 정치적 대표성의 결여

CHAPTER 07

1848년 프랑스와 유럽, 굶주림의 대혼란

19세기 유럽 전역에 저항과 혁명의 긴장감이 맴돌았던 때는 1848년이다. 프랑스 대혁명의 발발과 더불어 나폴레옹이 영토를 확장하면서 농노들을 해방시켰다. 그리고 또 유대인들에게 평등권을 부여했다. 불평등하던 절대 군주제의 유럽인에게 평등의 개념, 인권, 민주주의를 인식하도록 한 것이다. 그러기에 유럽에서 누군가가 독재를 꿈꾼다면 이미 자유를 맛본 시민들의 저항에 부딪혀야 했다. 그런데도 많은 독재자는 두려움 없이 평등과 자유를 경험하기 이전의 상태로 시민을 되돌리려는 시도를 감행했다. 놀랍게도 그들의 성공 사례가 있다.

나폴레옹이 패배한 이후, 유럽의 강대국들은 비엔나에서 회의를 개최했다. 여기서 유럽의 국경선이 개편되고 재구성되었다. 또한 이전에는 수십 개의 흩어진 연방으로 나뉘어졌지만, 1871년 비스마르크Bismark의 철과 피에 의해 통합된 독일처럼 유럽의 국경선은 다시 새롭게 재편성되었다. 공작이나 대공들이 다스렸던 영지는 유럽의 주요 강대국에 의해 복구되고 재조직되면서, 이들로부터 지원을 받았다. 이로 인해 자유의 관념은 독재 행위로부터 엄청난 억압을 받아야만 했다. 그럼에도 불구하고 인권, 자유, 민주주의 등 계몽의 불씨는 완전히 꺼지지 않았다. 민족주의에 관한 관심은 여기에 부채질했다.

비스마르크는 독일 통일을 위해 철혈 정책과 오스트리아 배척 정책을 폈다.

산업혁명의 시작으로 도시 노동자가 증가하면서 인구에 큰 변동이 일어났다. 농촌의 인구가 도시로 몰려든 것이다. 이는 민족주의와 마르크스주의를 비롯한 혁명 이념의 은밀한 토대가 되었다. 1847년 발생한 경제 공황으로 식량이 부족해지면서 공급이 힘들어졌다. 이 '경제적 빈곤 상태'는 1848년 혁명을 촉발시켰다. 일부 역사학자들은 1848년 혁명이 '사상'을 기반으로 발현되었다고 주장하지만, 경제학자 헬게 버거Helge Berger와 마크 스퍼러Mark Spoerer는 27개 유럽 국가의 데이터를 분석한 결과 "주된 원인으로 경제적 빈곤 상태와 그로 인한 공포가 유럽에서 벌어졌던 1848년 혁명을 촉발시켰다."[1]라고 발표했다.

경제 위기로 군주君主와 시민 사이에 생긴 긴장은 프랑스의 경우, 제2공화국 설립을 이끄는 혁명으로 이어졌다. 그러나 다른 국가에서 나타난 반란은 큰 변화를 이끌지 못했다. 독일의 반쪽짜리 혁명이나, 테르미도르 반동(테르미도르 반동으로 인해 프랑스 혁명은 실질적으로 막을 내리게 됨-옮긴이)을 겪어야만 했던 1789년 프랑스 대혁명처럼 말이다.

1848년에는 수많은 혁명이 일어났다. 특히 독일은 많은 혁명이 전개되었지만 실패로 끝나거나 반反혁명적 세력에 굴복당하고 말았다. 이때 패배한 혁명가의 상당수가 미국으로 이민을 떠났다. 현재 미국인의 4분의 1 이상이 왜 독일계인지 알 수 있는 이유이다.

저항과 혁명의 주된 요인을 고찰할 때, 1848년 혁명은 주로 다음과 같은 동인으로 주도되었다고 설명할 수 있다.

- 전반적으로 열악한 경제 조건
- 실제로 일어난 그리고/또는 사람들이 인식한 경제적 기회 부족
- 실제로 일어난 그리고/또는 사람들이 인식한 구조적 불평등
- 정치적 대표성의 결여

CHAPTER 08

1899년 중국, 서구 열강에 무너지다

혁명은 동양의 역사에서도 찾아볼 수 있다. 19세기 말 역사적으로 상당히 중요한 혁명 중 하나는 중국에서 벌어졌다. 1899년에 시작된 '의화단 사건the Boxer Rebellion'으로 중국 청淸나라 말기에 일어난 외세 배척 운동이다. 오랫동안 중국을 식민지로 만들기 위해 중국 연안의 항구들을 공격해온 유럽 열강에 반발해서 일어났다. 이 점만 보면 의화단 사건은 외국 열강의 간섭과 식민주의에 대항한 반란이다.

그러나 다른 혁명들과 마찬가지로 중국의 '경제' 상황 역시 이 반란의 주요 촉발제였다. 당시 중국인들은 경제적으로 억압당하고 착취당하며 분노와 긴장이 점점 한계에 다다르고 있었다. 19

세기 아편전쟁이 벌어진 이후 열악한 경제를 극복해야 하는 상황과 겹쳐 위기는 극에 달했다. 계속된 가뭄과 홍수는 경제를 빈곤 상태에 빠지게 했고, 이미 오랜 기간 긴장 상태에 있던 정치 상황과 경제 상황을 엎친 데 덮친 격으로 악화시켰다.[1] 이에 참을 수 없는 국민들이 일어난 것이다.

1900년 5월, 의화단 세력은 톈진과 베이징에서 외국 공사관이 모여 있는 구역을 포위하고 외국 세력의 추방을 요구했다. 깜짝 놀란 서구 열강은 청 조정에 하루빨리 의화단을 진압할 것을 요구하기에 이른다. 의화단과 열강 사이에서 눈치를 보며 저울질하던 서태후는 의화단 세력을 지원하기로 결심했다. 민중들의 대대적 반외세 바람을 등에 업어 서구 열강을 몰아내고 자신의 권력도 지키겠다는 계산이었다. 승부수를 던진 것이다. 서태후는 의화단을 베이징에 불러들이고 열강에 선전 포고를 했다. 외국 공사들에게 중국을 떠나라고 통보하고, 각 지방 관아에 의화단을 적극적으로 지원하라는 지시를 내렸다.

하지만 영국, 프랑스, 러시아, 미국, 일본, 미국, 독일, 이탈리아의 8개국 열강의 대응이 더 빨랐다. 이들은 연합군을 구성해 순식간에 톈진을 함락시키고 베이징으로 쳐들어왔다. 당황한 서태후는 "선전 포고는 본의가 아니었다. 의화단을 직접 진압하겠다."라며 공격을 중지할 것을 요청했으나 때는 이미 늦었다. 연합군은 베이징을 점령하고 무자비한 약탈을 자행했다. 서태후는 초라하게 서안으로 쫓겨 갔다.

중국(청) 정부는 연합군과 베이징 의정서에 조인하고 앞으로는 반외세 운동을 철저히 탄압하기로 약속했다. 그리고 의화단 운동을 저지하기 위해 여러 국가가 힘을 모아 병력도 배치했다. 이토록 거센 진압을 받은 반란은 의화단 운동이 유일하다. 외세와의 교전과 개입이 없었다면 의화단 운동의 결과는 크게 달라졌을 것이다.

의화단 사건이 주는 시사점이 여기에 있다. 당시 경제 상황 및 사회적 조건으로 미루어봤을 때, 혁명을 성공적으로 끝낼 수 있었다. 그러나 외부 세력이 개입하면서 혁명은 성공하지 못했다. 이를 안 서양 열강들은 승리의 대가로 중국 정부에서 엄청난 배당금을 뜯어갔다. 그로 인해 반란 세력과 갈등 상황이 끝난 이후에도 오랜 기간 중국은 경제 발전과 성장에 있어 곤혹을 치러야 했다.

의화단 사건은 아편전쟁과는 달리, 서양 열강의 결속으로 진압되었다. 중국을 상대로 전체 8개의 식민지 열강들이 합세함으로써 결국, 중국은 패배했다.

일부는 의화단 사건을 중국 내 역사라는 관점으로 바라보지만, 세계의 관심과 반응을 끌었던 사건이기에 세계사적 의미가 더 크다.

저항과 혁명의 주된 요인을 고려해볼 때, 의화단 사건의 주된 동인은 다음과 같다.

- 전반적으로 열악한 경제 조건
- 실제로 일어난 그리고/또는 사람들이 인식한 경제적 기회 부족
- 실제로 일어난 그리고/또는 사람들이 인식한 구조적 불평등
- 실제로 일어난 그리고/또는 사람들이 인식한 외국의 영향

CHAPTER 09

1905년 러시아, 전쟁의 후유증에 시달리다

1905년의 러시아 제국Imperial Russia의 제도는 그야말로 억압적이었다. 농노제도를 철폐한 유럽의 거의 마지막 국가였기에 경제적으로도 매우 낙후된 상태였다. 농노제도는 사람들의 이동을 제한하고, 계약관계로 상류층에게 속박되는 구조를 만들었다. 1861년에 농노제도가 러시아에서 철폐되었지만, 여전히 소작농의 삶은 비참했고 생산물과 사람들은 자유롭게 움직이지 못했다.

그런데 당시 유대인들도 러시아 사회에서 억압받는 대상이었다. 반유대주의 정서와 정책들이 러시아에 만연했다. 유대인들은 유대인 정착촌 밖을 벗어나지 못했다. 러시아 정부가 도시 및 지역 내 유대인들의 자유로운 이동을 공식적으로 규제했기 때문이었다. 1905년 혁명에도 불구하고, 유대인의 규제는 1917년 혁명 전까지 남아 있었다. 결국 집단 학살 등으로 러시아에서 견디지 못한 유대인들은 미국으로 이민을 떠날 수밖에 없었다.

러시아의 뿌리박힌 사회주의 이념은 자유 경제 체제를 매우 느리게 받아들였다. 이는 러시아 경제를 악화시켰고 국민은 경제난에 허덕여야 했다. 《1905》라는 책을 보면 러시아 농민들이 얼마나 가난한 삶을 살았는지 알 수 있다. 동시대를 살았던 저자 레온 트로츠키Leon Trotsky는 1905년 혁명 이전의 러시아 경제를 다음과 같이 묘사했다.

"매우 낮은 생산성을 보이는 어느 유럽 국가보다도 러시아는 현재 3배에서 4배가량 더 가난하다."[1]

20세기 초 전 세계에 몰아닥친 생산과잉 현상으로 공산품은 제대로 팔리지 않고 재고만 쌓이게 되었다. 이에 자본가들은 생산을 줄이고 고용 인력을 해고할 수밖에 없는 상황에 이르렀다. 더욱이 일본과의 전쟁으로 국민의 세금 부담이 늘어났을 뿐만 아니라 급격히 상승하는 생필품의 가격은 도시 빈민층의 불만을 고조시켰다.

1905년 러일전쟁에 패배한 러시아의 소작농들은 가난과 빈곤을 늪에서 빠져나올 길이 없었다. 정부를 향한 불만과 국가적 수치심까지 고조되었다. 여기에 더해 시위를 벌이던 공장 노동자들이 황제의 군대에 의해 살해당하는 사건까지 발생했다. 이제껏 차르에 대한 환상을 가지고 있던 민중은 이에 반란을 일으키고 페테르부르크 거리는 수천 명의 시신과 신음하는 부상자, 흥건한 피로 가득하게 된다. 그래서 1905년 1월 9일은 '피의 일요일Bloody Sunday'로 불린다. 이후 정치 세력과 니콜라스 2세의 절대 권력에 반발하는 움직임에 불이 붙었다.

러시아의 마지막 황제 니콜라이 2세는 2월 혁명으로 제정帝政의 붕괴를 맞았다.

군사 전쟁의 패배, 정부의 억압, 정치적 발언권의 결여 등은 후기 농노제도를 따르던 농민들을 경제적으로 더 불행하고 고통스럽게 만들었다. 이런 열악한 경제 상황은 다른 혁명들과 마찬가지로 혁명의 불쏘시개 역할을 했다.

저항과 혁명의 주요한 요인을 고려해볼 때, 1905년 러시아 혁명을 일으켰던 주된 동인은 다음과 같다.

- 전반적으로 열악한 경제 조건
- 실제로 일어난 그리고/또는 사람들이 인식한 경제적 기회 부족
- 실제로 일어난 그리고/또는 사람들이 인식한 구조적 불평등
- 가까운 시일 내 대규모 무력 충돌에서의 패배
- 정치적 대표성의 결여

CHAPTER 10

1917년 러시아, 가난이 세운 사회주의 국가

1917년 러시아 혁명은 1905년 혁명으로 실현하지 못한 정부 개혁을 완성하기 위한 혁명이었다. 당시 러시아는 제1차 세계대전의 승전국이었다. 하지만 독일, 오스트리아의 동맹군과 장기간 대치하던 동부전선의 패배로 비틀거리고 있었다. 그 전쟁에서 수많은 사상자가 발생했고, 후방에서는 식량난까지 겪었다. 이로 인해 찾아온 불행과 경제적 빈곤이 러시아 전역으로 퍼졌다.

러시아 시민들은 전쟁 동안 마치 총알받이 같은 취급을 받았다. 독일군과 싸울 때 러시아 군인들은 제대로 무장도 하지 못한 채 참호trench로 배치되었다. 그러나 일부 지급된 소총이 불량이

어서 발사할 때 군인들의 어깨에서 부서지는 경우도 허다했다. 이로 인해 차르(황제)를 쫓아내고 전쟁을 중단하자는 사회주의자들의 선전이 큰 호응을 얻었다.

1917년 러시아 혁명을 주도한 레닌Lenin이 내걸었던 슬로건은 '평화, 땅, 빵'이었다.[1] 이 슬로건은 제1차 세계대전 당시 동부전선의 굴욕적인 패배에 이어 농노제도에 따른 토지문제에 시민의 불만이 얼마나 컸는지, 얼마나 가난했는지, 시민들이 얼마나 지쳐 있었는지 여실히 보여준다.

1917년 러시아 혁명은 도시 노동자계층의 지지를 받았다. 그래서 1905년에 일어난 혁명보다 훨씬 더 급진적으로 진행되었다. 레닌Lenin과 트로츠키Trotsky를 주축으로 한 공산당은 피비린내 나는 내전을 치러야 했다. 내전은 구체제를 옹호하는 왕정파 백색군과 사회주의를 옹호하는 혁명파 적색군의 대립이었다. 이들은 수년간 장기적인 전쟁을 벌였다.

내전은 백색군의 분열과 민중의 지지에 힘입어 1920년 11월 볼셰비키의 적색군赤軍이 최후의 승자가 되었다. 이후 1922년 12월 30일에는 러시아 제국의 지배를 받았던 다른 민족들과 더불어 소련(소비에트사회주의공화국연방)을 결성하기에 이른다. 레닌이 이전에 민중들에게 약속한 동맹국Central Powers인 독일 제국, 오스트리아-헝가리 제국, 오스만 제국과의 평화도 이루었다.

조셉 스탈린Joseph Stalin이 지도자로 부상하면서 소련의 권력통합이 이루어졌다. 안정을 되찾았지만 알고 보면 다시 독재가 시작된 것이다. 그래서 이는 테르미도르 반동의 일환으로 여겨지기도 한다.

저항과 혁명의 주요한 요인을 고려해볼 때, 1917년 러시아 혁명의 주된 동인은 다음과 같다.

- 전반적으로 열악한 경제 조건
- 실제로 일어난 그리고/또는 사람들이 인식한 경제적 기회 부족
- 실제로 일어난 그리고/또는 사람들이 인식한 구조적 불평등
- 가까운 시일 내 대규모 무력 충돌에서의 패배
- 정치적 대표성의 결여

CHAPTER 11

1918년 독일, 패전의 구렁텅이에 빠지다

제1차 세계대전이 끝나고 독일은 패망 위기에 놓였다. 오랜 기간 유지되어오던 독일의 왕정체제가 무너졌다. 키엘Kiel 항에서 발발된 해군 폭동을 시작으로 저항과 혁명이 확산되었다. 그 결과 독일 황제 빌헬름 2세가 퇴위하게 된다. 동시에 혼란이 뒤따랐다.

독일 혁명에서도 두 개의 파벌이 경쟁하고 대립했다. 계승될 정부의 정치 유형을 좌우하기 위함이었다. 하나는 스파르타쿠스 연맹the Spartacus League으로 소련식 노동자평의회workers' council 체제이고, 다른 쪽은 강력한 의회 민주주의를 구축하자는 것이었다. 결국, 민주 세력이 군주제 지지자들과 '의용군Freikorp'으로 알려진 반공 준군사조직의 도움으로 권력을 거머쥔다.

선거가 끝난 1919년 독일에 새로운 공화국이 탄생했다. 바로 바이마르 공화국the Weimar Republic이다. 열악한 경제 상황과 제1차 세계대전에서 독일 제국이 겪은 굴욕적인 패배는 새로운 공화국의 수립과 혁명에 많은 영향을 주었다.

바이마르 공화국은 민주주의 국가이긴 했지만 '무늬만 민주주의' 국가였다. 악명 높은 헌법 48조항 때문이다. 비상사태에 실행될 수 있는 48조항은 법령의 일부였지만, 정부가 절대 권력을 가질 수 있도록 허용하는 조항이었다. 이 조항들이 1933년 히틀러의 정권 장악을 가능하게 했다.

또한, 어렵게 들어선 바이마르 정부이지만 우선 해결해야 할 문제가 산적해 있었다. 독일에 너무나 가혹한 배상금을 부과하는 베르사유조약Treaty of Versailles(제1차 세계대전 후 전쟁에 승리한 연합국과 패전국 독일의 강화조약-옮긴이)에 서명하는 일이었다. 독일이 제1차 세계대전을 겪으면서 치러야 했던 경제적 출혈 역시 엄청났다. 그런데도 불구하고 이 조약으로 연합군이 독일에 가한 부담은 독일 경제에 큰 타격을 주었다.

사실 독일인들은 제1차 세계대전의 패배를 받아들이지 못했다. 대부분의 전투가 주변국인 프랑스에서 일어났고, 전쟁 말기까지도 독일군이 여전히 프랑스에 머물고 있었기 때문이다. 당시 독일인들이 가졌던 이러한 정서는 불만과 원망, 경제난의 주요 원인이 되었다. 훗날 나치당Nazi Party은 독일인들의 밑바탕에 깔린 이 정서를 이용한다.

저항과 혁명의 주요한 요인을 고려해볼 때, 1918년 독일 혁명의 주된 동인은 다음과 같다.

- 전반적으로 열악한 경제 조건
- 실제로 일어난 그리고/또는 사람들이 인식한 경제적 기회 부족
- 실제로 일어난 그리고/또는 사람들이 인식한 구조적 불평등
- 가까운 시일 내 대규모 무력 충돌에서의 패배
- 정치적 대표성의 결여

CHAPTER 12

1933년 독일, 전쟁 배상금이 초래한 위기

1933년, 아돌프 히틀러가 독일의 최고 책임자로 권력을 잡았다. 이를 독일어로 '마흐터그라이풍Machtergreifung'이라 부른다. 실제 의미는 '권력 장악'이라는 뜻에 더 가깝지만 보통 '나치의' 권력 장악으로 번역된다. 1933년 선거에서 나치당은 승리를 거머쥔다. 그 당시 독일인들은 1920년대에 발생한 초인플레이션으로 고통받고 있었다. 1930년대에는 대공황Great Depression이 덮치면서 인간으로서 최악의 상황을 경험하고 있었다. 그래서 그들은 나치당의 지도자 아돌프 히틀러에게 투표했다. 이는 독일인들이 제1차 세계대전에서 패배로 느꼈던 굴욕감뿐 아니라, 경제적으로 좌절하면서 만들어진 결과였다.

그 당시의 중국 역시 의화단 사건이 실패로 돌아가면서 많은 배상금을 부담해야 했다. 아이티 또한 혁명에 대한 대가로 배상금을 지불했다. 마찬가지로 독일의 바이마르 공화국도 전쟁에 패한 뒤 배상금을 부담하고 있었다. 독일이 부담해야 하는 배상금이 늘어난 몇 가지 이유가 있는데, 그중 하나가 1871년에 벌어진 프랑스-프로이센 전쟁Franco-Prussian War이었다. 이 전쟁 이후 독일의 비스마르크는 프랑스에 무리한 배상금을 요구했다. 이 여파가 베르사유조약에 미친 것이다.

베르사유조약에 참여한 모든 연합국은 받을 수만 있다면 금전으로 배상금을 받기 원했다. 독일 경제에 끼칠 큰 피해를 고려하지 않은 요구였다. 이에 독일은 좌절했다. 전쟁에서 패한 상황을 실감하지 못한 그들이었기에 더욱 그러했다. 만약 독일이 전쟁의 패배를 이해하는 상황이었다면, 전쟁 배상금과 이에 따라 짊어져야 할 경제적 재난을 납득했을지 모른다.

독일 역사학자 프리츠 스턴Fritz Stern은 나치가 독일 정권을 집권하기 전부터 독일에 나타난 절망에 관한 견해를 글로 써왔다. 그가 쓴 저서 《내가 아는 5개의 독일》의 서문에는 이렇게 적혀 있다.

"나치 치하의 독일에서 단 5년을 살았다. 그리 길지 않은 기간이었음에도, 당시의 경험으로 평생 떨쳐내지 못할 불타는 의문이 생겨났다. '왜, 그리고 어떻게, 인간 모두에게 잠재된 악이 독일에서 현실로 나타났는가?' 내 평생을 바쳐 그 해답을 찾으려 했다."

물론 그가 찾은 해답도 이 책에 나와 있다.

"내가 태어났을 때, 세상은 '충분히 피할 수 있는 재난'으로 빨려들고 있었다. …내 삶과 평생의 공부를 통해 깨달은 가장 단순하면서도 심오한 교훈이 있다. 곧 자유와 민주주의는 지독히도 취약하다는 점이다."

그러나 당시 독일 내 만연했던 절망은 매우 본질적인 것에서부터 시작되었다. 초인플레이션으로 한 세대가 누려야 했던 부가 통째로 날아갔다. 설상가상으로 발생한 대공황은 빈곤과 고통을 확산시켰다. 근본적으로 독일 경제는 비참함과 고통으로 울부짖는 대명사가 되었다. 나치 선전대는 그런 독일 경제의 비참함과 고통을 어느 정도 완화시켰다. 그리고 비민주적이었던 바이마르 제도들을 남용하여 더욱 반민주 세력이 되었다.

1933년 독일에서 벌어진 일은 저항과 혁명을 일으키는 여섯 가지 주요 원인이 모두 적용되는 유일한 혁명이다. 그 결과 전 세계에 엄청난 충격을 주었다.

여기에 저항과 혁명의 주요한 요인을 고려해볼 때, 1933년 나치의 권력 장악의 주된 동인은 다음과 같다.

- 전반적으로 열악한 경제 조건
- 실제로 일어난 그리고/또는 사람들이 인식한 경제적 기회 부족
- 실제로 일어난 그리고/또는 사람들이 인식한 구조적 불평등
- 실제로 일어난 그리고/또는 사람들이 인식한 외국의 영향
- 가까운 시일 내 대규모 무력 충돌에서의 패배
- 정치적 대표성의 결여

CHAPTER 13

1959년 쿠바,
경제 종속에서 벗어나려는 투쟁

쿠바 혁명은 반식민지 혁명의 특성도 가졌지만, 본질은 경제 상황을 개선하기 위해 일어난 혁명이다. 에스파냐의 식민지였던 쿠바는 미국과 에스파냐의 전쟁 이후 1902년 독립하였다. 하지만 미국 자본에 종속된 사탕수수 단일작물 재배 경제가 형성되어 실질적으로는 미국의 지배 아래 있었다. 그와 더불어 토지도 미국 자본과 쿠바인 대지주들에게 집중되며 국민은 궁핍한 생활에서 벗어날 길이 없었다. 게다가 독재 정권의 부패도 심각해 여러 차례 민중봉기가 일어났다. 그때마다 미국의 비호하에 진압되었다.

쿠바 혁명은 독재뿐 아니라 외국의 지분이 높았던 배경에 대항하여 일어난 혁명이다. 다시 말해 쿠바 혁명은 정치적 투쟁이자 경제 개혁 혁명이었다.

쿠바 혁명은 수년에 걸쳐 전개되었다. 1959년에 피델 카스트로Fidel Castro가 권력을 잡으면서 절정에 달한다. 카스트로와 게바라가 이끄는 혁명군(쿠바 혁명의 시작 참조)이 수도 아바나를 점령하고 혁명의 성공을 선언했다. 카스트로는 의료와 교육을 무상으로 제공하는 사회주의적 정책을 펼치는 한편, 소련과 외교 관계를 맺고 지원을 약속받는다. 토지 개혁을 시행해 대지주의 땅을 빼앗아 국유화하고 미국인들이 소유한 재산도 모조리 몰수했

쿠바 혁명은 정치적 투쟁이자 경제 개혁 혁명이다.

다. 이에 혁명 이전에 부유한 삶을 살았던 사람들은 떼지어 미국으로 탈출했다.

미국 정부는 자신의 코앞에 소련과 가까운 정부가 들어서는 것을 막고자 망명자들에게 무기를 제공했다. 1961년 4월 17일 미국의 지원을 받은 망명자들이 쿠바의 피그스만을 침공했다. 하지만 쿠바군에게 제압당하고 만다. 이로 인해 쿠바와 미국은 오늘날까지도 적대관계를 유지하고 있다.

흥미로운 점은 쿠바 혁명이 냉전Cold War(세계대전 이후 미국과 소련을 중심으로 한 자본주의와 공산주의의 대립-옮긴이) 중에 진행된 혁명으로 공산주의와 자본주의의 대립으로 인식된다는 점이다. 그로 인해 작은 섬에 불과했던 쿠바는 이 혁명으로 전 세계의 이목을 끌게 되었다.

혁명이 일어난 시점에 쿠바와 미국의 관계는 역사와 경제에서 복잡하게 얽혀 있었다. 미국이 카스트로의 급부상을 저지하기 위해 직접 관여했다는 점을 봤을 때 '실제로 일어난 그리고/또는 사람들이 인식한 외국의 영향'이 혁명의 요인이 될 수 있다. 또한, 카스트로의 권위주의적인 권력통합에도 불구하고(이 점만 보면 정치적 요인으로 혁명이 일어난 것 같지만), 쿠바 혁명의 제일 중요한 요소는 경제적 문제였다.

저항과 혁명의 주요한 요인을 고려해볼 때, 쿠바 혁명의 동인은 다음과 같다.

- 전반적으로 열악한 경제 조건
- 실제로 일어난 그리고/또는 사람들이 인식한 경제적 기회 부족
- 실제로 일어난 그리고/또는 사람들이 인식한 구조적 불평등
- 실제로 일어난 그리고/또는 사람들이 인식한 외국의 영향

CHAPTER 14

1968년 미국, 인종차별 시위를 부르다

1964년 미국 대통령 선거에서 린든 존슨 대통령은 역대 최고의 압도적인 표차로 승리했다. 존슨 대통령은 '가난과의 전쟁'과 인권 입법, 우주탐사 등의 업적을 세웠다. 그러나 다문화로 인한 신좌파운동이 등장해 젊은이들의 시위와 인종 갈등은 반복됐다. 끊임없이 일어나는 폭동으로 수천 명이 죽어가고 수억 달러의 피해를 입었다.

심지어 선거가 있던 1968년 미국에서는 자칫하면 반란으로 이어질 뻔한 많은 시위가 열렸다. 마틴 루터 킹Martin Luther King Jr. 목사가 암살된 이후로 시위는 더욱 격해져 백악관 근처에서 기관총이 난사되기에 이른다. 공민권운동Civil Rights Movement(미국의 대표적인 흑인 민권운동-옮긴이)이 점차 둔해지고, 사회 분위기는 좌절 그 자체였다. 이에 따른 시위들이 발생함과 동시에 불안이 사회 곳곳에 침투했다.

더욱이 베트남 전쟁에 50만 명이 파병돼 매달 1,000여 명에 가까운 사상자를 내는 상황이었다. 이 전쟁에 엄청난 비용이 들어감에도 불구하고 소득 없이 많은 희생만 내고 있었다. 그 사실이 언론을 통해 밝혀진 것이다. 더불어 베트남과의 전쟁이 교착 상태에 빠진다는 전망이 증가하면서 사회적 불안은 더욱 가중되었다.

이에 크게 두 가지 반발이 일어났다. 하나는 인종 차별이고, 다른 하나는 마국 역사상 처음으로 패전할지도 모른다는 우려 때문이었다. 이는 반발을 일으키기에 충분했다. 원인만 따지고 본다면 1789년 프랑스에서 벌어졌던 혁명이나, 1917년 러시아 정부를 전복하기 위해 벌였던 폭력 시위와는 맥락이 같지 않다. 분명히 문화 혁명이고 사회나 정부 규범에 반대 의사를 표현하는 행위였다.

그렇다면 무엇이 그런 큰 차이를 만들어냈을까? 그것은 국가 경제력이 얼마만큼 뒷받침하고 있는가로 판단할 수 있다. 그 당시 미국 경제는 호황기였다. 1969년 미국의 실업률은 3.6%로

역사상 가장 낮았다.[1] 실질적인 GDP 지수 역시 4.9%를 넘어서며 탄탄한 경제를 자랑했다.[2]

밝은 경제 상황은 사회의 불안을 가라앉혔다. 시위가 정부를 전복시키는 폭력적 혁명으로 변하지 않도록 방패막이 되어주었다. 이 책에서 언급하는 수많은 저항과 혁명 사례들과는 달리, 국민은 먹고사는 문제로 고민하지 않았다.

단지 시민권civil rights을 향한 움직임만이 더욱 격렬해지면서 전국으로 확대되었다. 베트남 전쟁에 대한 반전운동이 거세지는 와중이었지만, '경제'가 견고했기에 미국 정부와 정치 체제는 안전하게 유지된 것이다.

혁명의 6가지 주요 요인을 고려해볼 때, 1968년 미국의 주요 동인은 다음과 같이 규명될 수 있다.

- 실제로 일어난 그리고/또는 사람들이 인식한 구조적 불평등
- 가까운 시일 내 대규모 무력 충돌에서의 패배
- 정치적 대표성의 결여

CHAPTER 15

1968년 유럽, 짧았던 프라하의 봄

1968년 서유럽은 문화 혁명이 유행하던 시기였다. 반면에 동유럽에서는 민주화운동이 일어났다.

1968년 초, 체코슬로바키아 정부는 자유화를 위한 개혁을 시도했다. 이 사건은 '프라하의 봄Prague Spring'이라 알려져 있다. 이 명칭은 1848년 발생한 '민중의 봄Spring of Nations'에서 파생되어 지어졌다. 많은 이들이 냉전Cold War으로 얼어붙었던 관계가 해빙되길 바랐다.

체코슬로바키아에서는 1960년대 정체된 경제로 국민의 불만이 높았다. 자치권을 제한받던 슬로바키아 민족의 감정도 악화되었다. 이 같은 상황에서 개혁파인 두프체크는 개혁 조치를 위한 행동강령을 발표했다.

재판의 독립, 의회제도의 확립, 사전검열제의 폐지, 민주적인 선거법 제도의 창설, 언론·출판·집회의 자유 보장, 국외여행·이주의 자유 보장, 경찰 정치의 종식, 공업·농업 부문의 개혁, 체코슬로바키아의 동등한 권리에 의한 연방제 이행, 자주독립에 의한 대외정책 추진, 과거에 권리를 박탈당한 모든 시민의 완전한 복권 등이다.

두프체크는 이와 같은 개혁 조치를 '인간의 얼굴을 한 사회주의'라고 했다. 언론·집회·출판 등이 자유화되면서 체코슬로바키아에서는 잠시 '프라하의 봄'이 유지되었다.

체코인들은 나토NATO(1949년 조인된 북대서양조약)에 참가한 미국, 캐나다, 유럽 10개국 등 12개국의 자유 진영 집단방위 기구와 1955년 폴란드의 바르샤바 조약Warsaw Pact 기구의 공산 진영 공동방위 조직 간 팽팽한 긴장 상태가 끝나기를 소망했다. 그러나 사람들의 소망은 좌절되고 말았다.

1968년 8월, 소련이 바르샤바 조약기구의 5개국 군을 동원해 체코슬로바키아를 침공했다. 체코슬로바키아 사태가 동유럽으로 파급될 것을 우려한 것이다. 그들은 두프체크를 비롯한 개혁

파 지도자들을 소련으로 연행했고, 이로써 프라하의 봄the Prague Spring도 끝나버렸다.

그렇게 동유럽 지역은 철의 장막Iron Curtain(제2차 세계대전 후 소련 진영에 속하는 국가들의 폐쇄성을 풍자한 표현-옮긴이)으로 드리워졌다. 그리고 동유럽 국가들의 정책은 소련에 의해 수립되고 그들의 지시를 받게 되었다.

소련은 그들이 가진 막강한 힘으로 전체주의를 앞세워 동유럽인들을 무자비하게 옭아맸다. 이로써 프라하의 봄은 공산주의가 개혁되기를 바라는 사람들과 냉전으로 얼어붙은 국제 관계가 점점 해빙되기를 바라는 사람들에게 무력진압으로 인식되었다. 1848년 실패한 유럽 혁명과 마찬가지로, 독재는 자유화 세력을 짓눌렀다. 이렇듯 프라하의 봄은 군사수단으로 진압되었지만, 유럽에 끼친 영향은 남다르다.

그 당시 서유럽의 시위는 이미 정점을 찍을 때였다. 프랑스에도 5월과 6월에 시위가 성행했다. 이때 일어났던 시위들은 사회의 지배적인 문화에 반대하고 적극적으로 도전하는 문화인 대항문화였다. 1960년대 미국의 히피, 동성애, 여성 해방운동이 여기에 속한다. 반문화 정서를 밑바탕으로 문화의 변화를 꾀하는 움직임에서 비롯된 것이다. 기득권에 대한 저항이지만 1968년에 프랑스에서 벌어진 파업과 학생 운동은 과거 프랑스 혁명에 비하면 온건한 시위였다.

한편 바르샤바 조약 군대가 체코를 진압하면서 유럽의 긴장 상태는 더욱 높아졌다. 그러나 프랑스를 포함한 서유럽의 경제 상황은 탄탄했다. 그렇기에 폭력적인 방법으로 서유럽 정부를 전복하려는 국민 정서는 조성되지 못했다.

1968년 서유럽과 동유럽에서 일어났던 운동 및 저항의 영향과 형태는 상당히 달랐지만, 공산 진영과 자유 진영의 경계가 되는 철의 장막을 사이에 둔 양측의 저항과 혁명의 주요 원인을 고려해보면 다음과 같다.

- 실제로 일어난 그리고/또는 사람들이 인식한 구조적 불평등
- 실제로 일어난 그리고/또는 사람들이 인식한 외국의 영향

CHAPTER 16

1979년 이란, 서구화에 대한 반발로 끝없는 투쟁

1979년에 발생한 이란 혁명은 지금까지 살펴본 혁명과 다르다. 혁명으로 이란의 체제에 엄청난 변화가 일어났기 때문이다.

이란 혁명이 일어날 당시 이란의 경제 상황은 심각하지 않았다. 초인플레이션, 불황, 경제 황폐화, 빈곤으로부터 경제가 휘청거리지 않았다. 그래서 이란 혁명은 문화 혁명에 가까웠다. 국민이 먹고사는 문제로 힘든 시기를 보내지 않았고 경제 상황도 취약하지 않은 상황에서 혁명이 발생한 유일한 국가이다. 때로는 예외적인 요소로 혁명이 일어나기도 하는데, 이란 혁명이 대표적인 예시가 될 수 있다.

아야톨라 루홀라 호메이니Ayatollah Khomeini가 주도한 이란 혁명은 왕조를 빠르게 무너뜨렸다. 이 혁명으로 이란 국왕은 국외로 도피해야만 했다. 어떤 면에서 이란 혁명은 즉각적으로 실행된 테르미도르식 반동이라 볼 수 있다. 이슬람 종교지도자mullah가 권력을 잡으면서 국왕과 왕조에 반동 형태를 띠었기 때문이다. 이란 혁명의 목적은 이란과 페르시아 사회의 자유화가 아니었다. 새롭게 떠오른 이란 지도자들이 추구했던 목표는 국왕의 '세속적인 정책'에 맞서 싸우는 것 그 자체였다.

수년간 내가 미국에서 만난 이란인들과 페르시아인(이란계 아리아인-옮긴이)은 그들의 아이들에게 종종 다음과 같이 말했다.

이란 혁명의 최고 지도자인 호메이니

"왕을 몰아내기 위해 혁명에 가담해서 네 목숨을 내놓지 마라. 설령 너의 희생으로 그 왕이 무너져도, 그 뒤에는 천 명의 왕이 기다리고 있다."

다시 말해, 어떤 변화를 꿈꾸며 싸웠지만, 오히려 더 구속받는 상황에 몰릴 수도 있다는 말이다.

이는 1979년 혁명 이후 실제로 일어난 일을 증언하는 말이다. 호메이니와 수많은 종교지도자가 왕의 자리를 차지했다. 그러나 신정국가를 원하지 않았던 사람들에게는 불행한 일이었다. 그 결과 대규모의 이란인은 이민을 가야 했다.

물론 이란 혁명의 핵심은 냉전 기간 맺어진 서구와의 동맹과 서구문화에 동화되지 않기 위한 반발로 볼 수 있다. 하지만 결과적으로 이란의 북쪽 국경을 접하고 있는 지역에서 서구와 좀 더 긴밀하게 협력하는 정부가 생겨나게 된 것이다.

이란 혁명은 문화, 냉전, 지리적 요소들이 복합되어 발생한 혁명이었다. 그러나 서구화에 반발한 혁명의 여진은 현재도 계속 이어지고 있다. 오늘날까지도 이란의 정치, 동맹 관계, 적대 관계에 영향을 미치고 있는 것이다.

혁명의 6가지 주요 요인을 고려해볼 때, 이란 혁명의 주요 동인은 다음과 같다.

- 실제로 일어난 그리고/또는 사람들이 인식한 구조적 불평등
- 실제로 일어난 그리고/또는 사람들이 인식한 외국의 영향

CHAPTER 17

1989년 소련, 경제난에 무너진 소비에트연방

안타깝게도 소련은 '파산'으로 붕괴되었다. 소련은 미국을 따라잡으려고 안간힘을 썼다. 냉전이 끝나갈 무렵의 소련군은 병들고 피폐했으며 군인들의 사기는 땅에 떨어졌다. 소련군은 그저 종이호랑이에 불과했다.

혁명의 발생 원인으로, '군사적 패배'가 혁명에 미친 영향력은 크다. 실제로 소련 정부의 운영 능력에 가장 타격을 준 사건은 아프가니스탄 전쟁Afghan War이다. 소련은 아프가니스탄을 침공하여 무려 9년 4개월 동안 엄청난 병력을 동원했다. 하지만 종교적으로 결속된 게릴라 '무자헤딘'을 이기지 못하고 결국 철수했다. 아프가니스탄 전쟁이 실패로 돌아가면서 소련 정부는 재정적·정치적으로 큰 손실을 입었다.

지금까지 정치적으로 엄청난 변화를 이끈 많은 혁명을 살펴보았다. 그러나 이러한 혁명과 다르게 베를린 장벽이 무너진 일이나 냉전 종식, 소련의 붕괴는 격렬한 혁명으로 발생했다고 보기에는 다소 어렵다. 이미 무너질 대로 무너진 정치적·사회적 시스템에 의존했던 '경제'가 처참하게 무너지면서 마침내 소련이 붕괴되었다고 보는 게 맞다. 당시 공산 진영 국가들이 제시한 정치 사회 시스템은 비효율적이고 억압적으로 작동하고 있었다. 그로 인해 상대적 빈곤 속에 살아가는 국민에게 더 큰 불신만 안겨준 꼴이 되고 말았다.

특정 나이대의 미국인들이 코로나19 팬데믹을 경험하면서 특별히 충격을 받는 데는 이유가 있다. 식품이나 화장지 같은 생활필수품들이 동이 나는 것을 보면서 구소련을 떠올렸기 때문이다. 경제난과 정치적 불안, 사회적 혼란을 다시 목격한 셈이다. 거대한 국가가 무너질 때의 양상들을 보며 두려움에 떠는 것이다.

소련의 붕괴가 전반적으로 '폭력적인' 과정은 아니었다. 그럼에도 독립 공화국이 되면서 소련으로부터 탈퇴했거나, 탈퇴를 시도했던 발트해 국가들과 다른 지역에서는 폭력적인 시위가 벌어지기도 했다.

소련이 무너지면서 결과적으로 러시아뿐 아니라 연방공화국이었던 나라들은 자유 시장과 민주주의 정치 체제를 향한 첫 발걸음을 내디뎠다. 하지만 불안한 체제는 계속해서 위험에 처해 있다. 소련의 붕괴와 혁명이 시작된 지 30여 년이 지났지만, 푸틴의 정치는 테르미도르 반동을 떠올리게 한다. 아마도 그는 21세기 저항과 혁명의 또 다른 주인공으로 기억될 가능성이 크다.

소련의 붕괴 이후 '어떤 유형의 정부가 러시아를 이어갔나?'를 생각해보자. 벤자민 프랭클린Benjamin Franklin이 미국에 대해 언급한 말이 떠오른다.

"미국은 공화국입니다. 물론 당신들이 끝까지 이 체제를 지켜낼 수 있다면 말이죠."

소련 혁명의 주요한 요인을 고려해볼 때, 그 동인은 다음과 같다.

- 전반적으로 열악한 경제 조건
- 실제로 일어난 그리고/또는 사람들이 인식한 경제적 기회 부족
- 실제로 일어난 그리고/또는 사람들이 인식한 외국의 영향
- 가까운 시일 내 대규모 무력 충돌에서의 패배

CHAPTER 18

1998년 베네수엘라, 권력의 도구로 전락해버린 경제

1950년대만 해도 베네수엘라의 1인당 GDP는 세계에서 4번째로 높았다.[1] 그 이후로 국가 재정이 악화되고 경제가 어려워지기 시작했다. 1930년대 무렵, 대공황과 초인플레이션으로 심각했던 독일 경제만큼은 아니지만, 베네수엘라 경제는 20세기 중반에 월등히 강세를 보인 뒤 급격한 하향곡선을 그렸다.

엎친 데 덮친 격으로 1994년 발생한 금융 위기는 베네수엘라 경제를 더욱 걷잡을 수 없이 휘청거리게 했다. 높은 인플레이션으로 경제 상황은 더욱 악화되고, 국민은 빈곤에 허덕일 수밖에 없었다. 1998년 우고 차베스Hugo Cha vez는 좌파를 규합하고 애국지주연합을 결성했다. 그리고 토지 국유화, 부패와 가난 척결을 위한 헌법 개정 등을 주도했다. 이 때문에 그는 40년간의 기존 정치 체제에 염증을 느낀 대중의 열렬한 지지를 받으며 권력을 쟁취했다. 그러나 그도 경제 위기와 좌절로부터 베네수엘라를 구해내지 못했다. 어려운 경제 상황은 지금까지도 약세를 면치 못하고 있다. 오히려 더 악화되었다고 보는 게 정확하다.

2013년에 차베스가 사망한 이후 베네수엘라 경제는 더 취약해졌다. 혁명가 기질을 가진 사회주의자들과 포퓰리스트들의 정치적 약속이 점차 독재 권력을 지속하기 위한 도구로 이용되고 있기 때문이다.

혁명 이후의 원인과 결과의 고찰도 중요하다. 하지만 혁명이 '위

우고 차베스는 좌파를 규합하고 애국지주연합을 결성해 권력을 쟁취했다.

태로운 경제 상황'에서 비롯되었다는 점에 먼저 주목해야 한다.

저항과 혁명의 요인들을 고려해볼 때, 차베스의 당선과 혁명 운동의 동인은 다음과 같다.

- 전반적으로 열악한 경제 조건
- 실제로 일어난 그리고/또는 사람들이 인식한 경제적 기회 부족

CHAPTER 19

2010년 아랍의 봄, 독재는 몰아냈지만 봄은 오지 않았다

2010년부터 시작된 아랍의 봄Arab Spring은 세계 여러 아랍 국가에 퍼진 혁명이다. 아랍의 봄은 '경제'와 '빈곤'이 데모와 무력 시위의 핵심 원인이었다. 2010년 12월에 시작된 아랍의 봄은 1968년에 일어난 프라하의 봄the Prague Spring과 1848년에 일어난 민중의 봄the Spring of Nations의 명칭에서 유래되었다.

2010년 12월, 튀니지 남동부 지방도시인 시디 부지드 거리에서 무허가 청과물 노점상을 하던 26세 청년 무함마드 부아지지는 경찰의 단속으로 과일과 좌판을 빼앗겼다. 대학을 졸업했지만 취업을 못 해 노점상을 하던 그는 시청에 찾아가 항의했으나 받아들여지지 않았다. 그는 2010년 12월 17일 시청 앞에서 분신자살을 시도했다. 그의 분신 소식은 트위터와 페이스북, 블로그 등을 통해 도시 전역으로 퍼져나갔고 대규모 시위대를 형성했다. 특히 2011년 1월 4일 부아지지가 끝내 사망하면서 시위는 더욱 격해졌다. 이 시위는 부아지지의 죽음으로 촉발됐지만 높은 청년 실업, 빈부격차, 물가 폭등이 직접적인 원인으로 꼽힌다.

아랍의 봄은 글로벌 금융 위기가 있은 지 얼마 지나지 않아 일어났다. 오랜 시간 축적된 경제적·정치적 상황의 발현이었다. 이는 월가 시위Occupy Movement가 발생한 동기와는 극명한 대조를 이

아랍의 봄은 2010년 말 중동과 북아프리카에서 촉발된 유례 없는 반정부 시위다.

룬다. 월가 시위는 2011년에 일어난 비폭력운동으로 자본주의와 뱅스터리즘banksterism 즉, 부도덕한 행태를 보이는 은행가들에 대한 반발로 일어났다.

아랍의 봄은 민중이 기반인 저항 운동이었다. 하지만 이란과 사우디아라비아가 간섭하면서 지역 대리전으로 확대되었다. 그로 인해 중동 지역에 조성된 불안은 더욱 악화되었다.[1]

폭력적으로 전개되었던 아랍의 봄은 결국 다수의 정부를 몰아내는 데 성공했다. 대표적인 국가로 시위가 시작된 튀니지, 예멘, 무바라크Mubarek 대통령이 사임한 이집트, 카다피Gaddafi가 축출된 리비아 등이 있다. 이처럼 여러 아랍 국가의 정부가 전복되면서 정치적으로도 많은 변화가 생겼다.

아랍 나라들은 유혈사태를 거치며 독재자를 몰아냈지만, 그 이후 새로운 체제를 수립하기도 쉽지 않았다. 튀니지만이 비교적 평화적으로 민주화의 길을 이행하고 있다. 그 외 국가들은 군부정치로 돌아가거나 수많은 난민을 발생시키며 내전에 빠져들었다.

혁명의 6가지 주요 요인을 고려해볼 때, 아랍의 봄에서 전개된 저항과 혁명의 주요 동인은 다음과 같다.

- 전반적으로 열악한 경제 조건

- 실제로 일어난 그리고/또는 사람들이 인식한 경제적 기회 부족
- 실제로 일어난 그리고/또는 사람들이 인식한 구조적 불평등
- 실제로 일어난 그리고/또는 사람들이 인식한 외국의 영향
- 정치적 대표성의 결여

CHAPTER 20

저항과 혁명의 역사를 정리하면서

지금까지 살펴본 혁명의 가장 중요한 요소는 먹고사는 문제였다. 다시 말해 경제적·재정적 부분이 해결됐느냐에 달려 있었다. 빈곤으로 허덕일 때는 매우 폭력적인 양상을 보이며 혁명은 대체로 성공했다. 이는 역사상 반복되는 사실이다.

1968년 여름엔 정권에 반발한 시위와 사회 저항 운동이 모두 나타났다. 이를 토대로 서구 사회와 동유럽에 속한 국가를 비교해보았다. 어느 국가에서는 그저 시위로 끝나기도 하지만, 또 어느 국가에서 벌어지는 시위는 정부를 몰아낼 가능성을 만들었다. 그 차이점은 무엇일까? 다름 아닌 서구 사회의 경제적 여건은 대체로 양호했지만 동유럽의 경제 상황은 매우 열악했다는 점이다. 경제난을 감추기 위해 전체주의를 무기 삼아 사람들에게 겁주고 그들을 통제했다. 물론 경제 상황이 열악하다는 이유만으로 잔혹한 혁명과 정부의 전복으로 이어진 것은 아니다. 참고 견디는 국민성을 가진 나라도 있다. 제1, 2차 세계대전 동안 독일 나치당의 국가 사회주의, 파시즘이 그러했다. 그리고 공산주의에 무릎을 꿇지 않았던 서구 민주주의 국가 중 소수도 마찬가지다.

이러한 역학 관계를 보면 사회의 불안과 큰 변동을 초래하는 핵심 요소는 심각하고 위태로운 경제 상황이다. 이를 역으로 짚어보면 경제가 안정적이라면 혁명이 발생할 가능성은 훨씬 적어진다는 의미이다.

코로나19 팬데믹, 경제 폐쇄, 경기 불황의 여파로 미국과 여러 국가에서 벌어지는 경제 상황을 고려해보자. 현재 미국 노동 시장의 여건이 역사상 최악에 속한다는 사실을 기억해야 한다. 더 나아가 2007년에서 2009년 터진 글로벌 경제 위기 때 겪었던 부동산 위기만큼 현재 부동산 시장의 흐름도 좋지 않다. 다시 한 번 부동산 위기로 힘겨운 시간을 보낼 수 있다는 위험성 역시 증가하고 있다. 빈곤, 차별, 기회의 부족, 먹고사는 문제라는 경제적 용인의 절박함은 혁명으로 이어질 우려가 있다.

이런 상황은 안정적으로 2020년 미국 대통령 선거를 치러야 했던 미국 정치계까지 불안하게 만들었다. 이에 따라 SNS의 활용은 어떤 무기보다도 강력한 힘을 발휘했다. 사회 각계각층과 조직은 각각 그들만의 정체성을 갖게 되었고 지지자를 모았다. 그로 인해 색깔이 다른 무리, 이념과 추구하는 내용이 다른 집단끼리 더욱 분열되고 반목할 가능성이 커졌다. 이는 안정적인 사회 질서를 유지하기 위해 넘어야 할 장애물로 작용한다. 이제 혁명을 확산시키는 주요 요인은 이러한 '비경제적 위험 요소'들이다.

미국 제45대 대통령 도널드 트럼프

현재의 변화를 올바르게 직시하면 미래에 훨씬 더 나은 결실을 맺는다. 정부와 정치 체계를 성공적으로 유지하려면 가까운 시일 내에 비경제적 위험 요소를 해결해야 한다. 장기적으로 봤을 때 재정 및 통화 정책을 시행하는 과정에서 피할 수 없는 위험 요소들이 생기지만, 일단 단기적으로 '비경제적 위험 요소'라는 급한 불부터 꺼야 한다. 오늘 해야 할 일에 차분하게 맞서 대응해야 한다. 그러면 안정적인 내일이 찾아온다.

PART 3

세계 경제, 위기 선언

THE ECONOMICS OF
REVOLT AND REVOLUTION

THE ECONOMICS OF REVOLT AND REVOLUTION

코로나 이후 경제는 대혼란에 빠져 있다. 나라별로 지원금 등 여러 정책이 마련되고는 있지만 만족해하는 국민은 없는 것 같다. 사회적 거리두기가 이어지면서 기업이나 자영업자의 상황은 심각하게 그늘이 드리워지고 국가 경제의 혼란도 가중되고 있다. 국가의 부채 비율은 높아질 대로 높아졌지만, 국민의 안정된 삶을 위한 지원을 그만둘 수도 없는 실정이다. 여기에 더해 저출산율, 고령화가 불러온 경제 위기는 목전에 와 있다. 이를 구체적으로 살펴보자. 현재를 알아야 미래를 대비할 수 있다.

CHAPTER 21

일자리와 실업

코로나19 팬데믹으로 인한 경제 폐쇄가 미국 노동 시장에 끼친 피해는 그야말로 어마어마하다. 2020년 7월에도 여전히 실업자 수는 1,730만 명 이상이었다. 이 시점에서 유일하게 긍정적인 부분은 2020년 5월 9일 집계를 보면 실업률이 줄었다는 사실이다. 2,490만 이상이었던 실업률 수치가 1,730만 명으로 급격히 줄어든 것이다. 그러나 2020년 첫 10주 동안 실업자 수가 170만 명이었던 것을 감안하면 여전히 10배 이상 높은 수치이다. 참고로 1933년 대공황 시절의 실업률이 최고조에 달했는데, 당시의 실업자 수는 1,280만 명이었다.[1]

이번 장에서는 노동 시장 데이터의 가장 중요한 부분을 살펴볼 것이다. 데이터 간에 어느 정도 차이점이 있을 수 있지만 한 가지는 분명하다. 현재 직장을 다니지 않거나, 실직한 사람들이 많아도 너무 많다는 사실이다.

실업률

실업률은 고용 시장의 건전성을 나타내는 지표로 가장 폭넓게 받아들여지는 수치 중 하나이다. 실제로, 미국 노동통계청BLS : Bureau of Labor Statistics의 월간 보고서는 세계에서 중요한 경제보고서 중 하나로 꼽힌다. 이 책 속 많은 데이터의 출처이기도 하다.

[도표 21-1] 실업률[2]

코로나19 경제 폐쇄로 급증한 미국 실업률

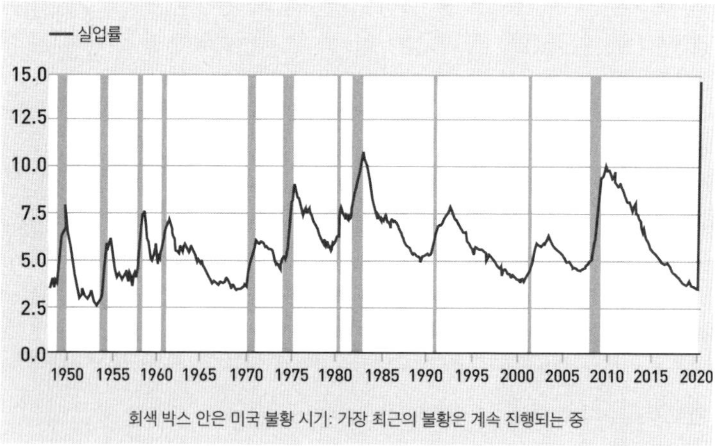

출처: 미국 노동통계청, 프레스티지 이코노믹스, LLC

[도표 21-1]은 코로나19 팬데믹으로 급증한 실업률을 보여준다. 실업률이란 노동력의 한 부분으로 포함될 수 있는 사람들뿐만 아니라, 일자리가 없어 일을 구하고 있거나 일할 수 있는 사람의 수를 의미한다. 그러나 실업률을 나누는 기준은 다양하다. [도표 21-2]의 '노동력 저활용지표labor underutilization'를 보면 실업률을 여러 기준으로 나타낸 것을 볼 수 있다.

공식 실업률은 U-3을 기준으로 한다. U-3을 기준으로 했을 때 2020년 2월 당시 실업률은 3.5%로 50년 만에 최저치를 기록했다. 이후 2020년 4월 14.7%까지 치솟았다. 수치 자체만 놓고 보면 재앙 수준의 증가였다. 대공황 이후 가장 높은 실업률이었다.

이뿐만이 아니다. [도표 21-2]를 보자. U-6은 노동 시장의 취약점을 가장 폭넓게 고려하는 척도이다. 실업을 좀 더 넓은 의미로 정의한다. 다른 범주에 속하는 사람뿐 아니라, 자신의 능력보다 낮은 능력치를 일하는 사람, 즉 '경제적 이유로 단시간' 근무하는 사람을 포함한다. 그러나 U-6조차 자료 모형을 잘못 설정하거나 노동 시장 환경이 빠르게 변화하는 경우 재앙 수준으로 상승한 실업률이 감소된 수치로 나타날 수 있다. 다시 말해, 노동통계청의 실업률 계산 방식과 자료 수집 방식은 노동 시장이

[도표 21-2] 미국 노동통계청이 제시한 실업률 대체 지표[3]

경제 뉴스 발표 / 노동력 불완전 활용지표의 대체지표 / 가계 데이터(%)

판단 기준	계절에 따라 조정되지 않음			계절에 따라 조정됨					
	2019.6	2020.5	2020.6	2019.6	2020.2	2020.3	2020.4	2020.5	2020.6
U-1 경제 활동 인구 중 15주 이상 장기 실업 상태에 있는 실업자 비율	1.2	1.4	2.0	1.3	1.2	1.2	1.1	1.4	2.1
U-2 경제 활동 인구 중 실직자 및 임시고용이 종료된 자의 비율	1.6	11.3	8.8	1.7	1.7	2.4	13.2	11.6	8.9
U-3 경제 활동 인구 중 전체 실업자 비율 (=공식 실업률)	3.8	13.0	11.2	3.7	3.5	4.4	14.7	13.3	11.1
U-4 경제 활동 인구 + 구직 단념자 중 전체 실업자 + 구직 단념자의 비율	4.1	13.3	11.6	3.9	3.8	4.7	15.1	13.6	11.5
U-5 경제 활동 인구 + 한계 근로자 중 전체 실업자 + 구직 단념자 + 한계 근로자의 비율	4.7	14.2	12.6	4.6	4.4	5.2	16.0	14.6	12.5
U-6 경제 활동 인구 + 한계 근로자 중 전체 실업자 + 한계 근로자 + 경제적 이유에 의한 단시간 근로자의 비율	7.5	20.7	18.3	7.2	7.0	8.7	22.8	21.2	18.0

위와 같은 자료는 매년 1월 발표되는 인구 통계치를 기반으로 한다.

【참고】

*한계 근로자 : 현재 일할 의사가 있고 일할 능력이 있는 사람이다. 지난 12개월 안에 일자리를 얻거나 취업을 할 수 있었지만, 적극적으로 일자리를 탐색하지 않는 자를 일컫는다.

*구직 단념자 : 한계 근로자의 부분집합으로서 노동 시장과 관련된 사유로 일자리 탐색을 포기한 자를 말한다.

*경제적 이유에 의한 단시간 근로자 : 정규직으로 근무할 능력이 있고, 정규직을 희망하는 사람들이다. 하지만 경제적인 이유로 단시간 근로에 만족하는 사람들을 의미한다.

현재 어떻게 변화하고 있는지를 정확하게 짚어내지 못한다는 것이다.

노동통계청 자료의 경제 활동 인구 비율에는 일할 능력이 있는 사람, 일하고 있는 사람, 일자리를 구하는 사람 모두 포함된다.

[도표 21-3]을 보면 경제 활동 인구 비율이 1970년대와 1980년대에 급증한 것을 알 수 있다. 많은 여성이 노동 인구에 포함되면서 나타난 현상이다. 그러나 2000년대 이후 경제 활동 인구 비율이 감소 추세를 보여 왔다. 그리고 코로나19 팬데믹이 경제 활동 인구 비율을 급격하게 떨어뜨렸다.

[도표 21-3] 경제 활동 인구 비율[4]

코로나19 경제 폐쇄로 폭락한 미국의 경제 활동 인구 비율

출처: 미국 노동통계청, 프레스티지 이코노믹스, LLC

2000년 1분기 4개월 동안 경제 활동 인구 비율은 67.3%로 사상 최고 수준을 기록했다. 2020년 2월, 경제 활동 인구 비율은 63.4%로 그 수치가 떨어졌고 코로나19로 경제가 폐쇄되면서 2020년 4월에는 경제 활동 인구 비율이 60.3%로 더 떨어졌다.

이는 2020년 4월에 취업 상태에 있거나 취업 대상자의 비율이 1973년 이후 가장 낮은 수준임을 의미한다. 비록 경제 활동 인구 비율이 2020년 6월에 61.5%로 반등하긴 했지만, 이 역시도 이전에 비하면 매우 저조한 수준이다.

실업률이 모든 상황을 보여주진 않는다. 심지어 U-6으로 측정한 실업률조차 그렇다. 노동통계청의 실업률 측정은 노동력을

코로나19 팬데믹은 경제 활동 인구 비율을 급격하게 떨어뜨렸다.

제공할 사람들 수에 비교하여 일하거나 일하지 않는 사람들의 비율에 근거한 계산이기 때문이다.

[도표 21-4]에서 보듯이 경제 활동 인구는 코로나19 팬데믹 동안 대폭 감소하였다. 2020년 3월부터 4월 사이에만 총 640만 명의 사람들이 경제 활동 인구에서 사라졌다. 3월까지만 해도 이들은 경제 활동 인구였다. 그렇다면 이들은 고용된 상태였거나 실업 상태였던 두 가지 범주 중 하나에 속해 있었다. 그런데 통계 자료에서 증발해버린 것이다. 이 640만 명의 사람들이 만약 그

[도표 21-4] 경제 활동 인구[5]

코로나19 경제 폐쇄 여파로 대폭 감소한 미국 경제 활동 인구

출처: 미국 노동통계청, 프레스티지 이코노믹스, LLC

대로 남아 있었다면 실업자로 계산된다. 그들이 계속 일하는 상태였다면, 경제 활동 인구에 포함되었을 것이다. 그러나 이들은 그 어디에도 계산되지 않았다.

2020년 6월을 기준으로 봤을 때 경제 활동 인구는 다소 반등했지만, 4월에 비하면 여전히 300만 명 정도가 감소했다. 또한 [도표 21-5]를 보면 2020년 2월에서 4월 사이 비농업 분야의 임금근로자가 2,210만 명 감소했다. 앞서 언급한 경제 활동 인구 감소 폭과 비농업 분야 임금근로자 감소 폭이 서로 다르다는 사실이 표에서 확인된다.

[도표 21-5] 비농업 분야 임금근로자[6]

코로나19 경제 폐쇄 여파로 대폭 감소한 미국 비농업 분야 임금근로자

출처: 미국 노동통계청, 프레스티지 이코노믹스, LLC

경제 활동 인구 수의 감소 폭은 노동 시장 건전성을 판단하는 주간 실업 수당 신청weekly jobless 건수와도 차이를 보인다.

주간 신규 실업 급여 신청 건수

코로나19 팬데믹, 경제 폐쇄의 여파로 노동 시장 역학 관계가 빠르게 변화하고 있다. 따라서 월간 고용 보고서monthly employment report보다는 주간 실업 급여 신청 건수가 경제 상황을 더 명확하고 빠르게 반영한다.

2020년 첫 10주 동안 실업 보험의 주간 신규 실업 급여 신청 건수initial jobless claims(미국 노동부가 매주 목요일 발표하는 지수로 미국에서 실업 수당 신청 건수를 나타낸다. 주간 신규 실업 수당 신청 건수가 늘어나면 향후 일자리 증가가 줄어들 수 있음을 나타낸다-옮긴이)는 평균 21만 2,000건에 불과했다. 그러나 12주 차에는 330만 명을 넘어섰고, 13주 차에는 거의 690만 명이 실업 급여 신청을 했다. 이러한 역학 관계는 [도표 21-6]에서 확인할 수 있다.

실업률이 2020년 5월과 6월에 떨어졌음에도 신규 실업 급여 신청 건수는 매우 높은 수준을 유지하고 있다. 2020년 7월 11일 자료를 보면 2020년 첫 10주 동안 기록된 실업자 수 평균보다 약 110만 명 정도가 더 높다.

신규 실업 급여 신청 자료는 코로나19 팬데믹으로 5,130만 명의 인구가 단 17주 만에(2020년 7월11일까지) 실업 수당을 청구했다는 사실을 보여준다. 역사적인 관점으로 보면, 경제적으로 최악의 해였던 1933년 대공황에도 미국의 전체 노동 생산가능 인구 수 중 노동력은 5,160만 명을 조금 밑돌고, 비농업 분야 임금 근로자는 2,870만 명에 불과했던[7] 점을 상기하면 심각한 수준을 넘어 우려되는 수준이다.

급격히 올라간 신규 실업 급여 신청 건수는 앞으로 수개월 동안 많은 사람이 실직 상태로 머무를 수도 있음을 암시한다. 게다가 매주 새롭게 생겨나는 실직자의 수가 2021년 내내, 그리고

[도표 21-6] 주간 신규 실업 급여 신청 건수[8]

코로나19 경제 폐쇄로 가파르게 상승한 신규 실업 급여 신청 건수

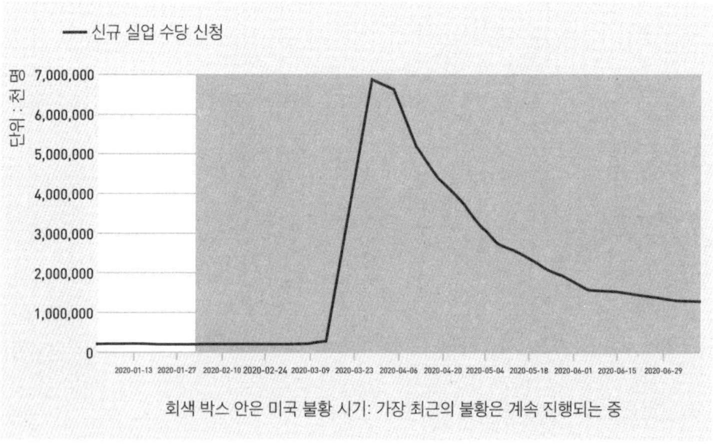

출처: 미국 노동부 산하 노동인력지원부, 프레스티지 이코노믹스, LLC

그 이후에도 계속 증가할 수 있다는것이다.

매주 100만 명 이상 일자리를 잃고 있다. 이렇게 되면 미국 GDP의 70%를 차지하는 소비 활동이 위축된다. 그로 인해 부동산 위기 등 여러 위험 요소가 초래될 것은 자명한 사실이다.

연속 실업 급여 신청

2020년 첫 10주 동안 실업 수당 신청 건수는 주당 평균 총 170만 건이었다. 코로나19 팬데믹의 발발로 2020년 5월 둘째 주 실업 수당 신청은 2,490만 건이다. 엄청난 증가세로 역사적

[도표 21-7] 연속 실업 수당 신청 건수[9]

코로나19 경제 폐쇄로 급격히 상승한 연속 실업 급여 신청 건수

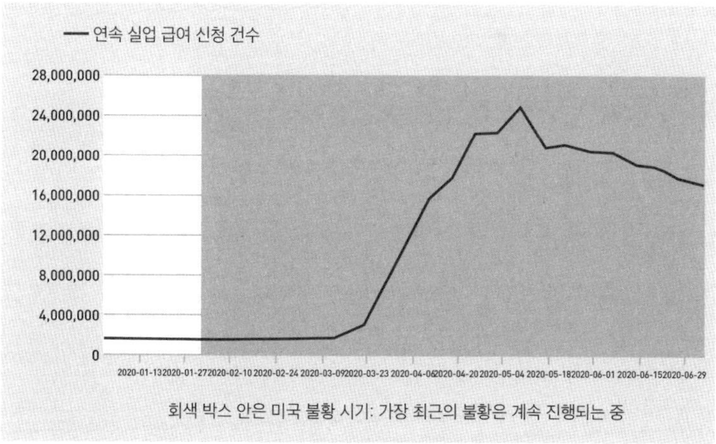

미국 노동부 산하 노동인력지원부, 프레스티지 이코노믹스, LLC

으로 전무후무한 일이다. [도표 21-7]을 통해 앞서 설명한 역학 관계를 분석해보자.

대공황이 발생한 1933년 당시 실업률은 사상 최악이었다. [도표 21-9]에서 볼 수 있듯, 노동통계청 자료에 따르면 평균 실업자 수는 1,280만 명을 조금 넘었다. 순수 실업자 수는 대공황 시절보다 더 높다.

이 엄청난 규모의 실업 수당 신청, 엄청난 규모의 실업자는 경제 및 고용 시장 회복을 더디게 한다. 실제로 경제 성장과 사회 안정의 회복 탄력성을 위협한다.

하지만 장기적인 경제 성장과 생산 증가의 가능성이 모두 없어진다는 의미는 아니다. 2020년 코로나19 팬데믹의 경제 불황 속에서도 원격 근무 가능성, 전자상거래로의 접근, 온라인 강좌 수강 및 이수 등 몇 가지 긍정적으로 볼 수 있는 요인들이 있었다.

[도표 21-8]을 자세히 보자. 교육 수준이 높을수록 실업률이 낮고 수입이 높은 것을 확인할 수 있다. 코로나19로 온라인 교육이 활성화되면서 좀 더 많은 이들이 교육의 혜택을 누릴 수 있게 되었다. 온라인 교육은 장기적으로 봤을 때 경제 생산성economic output에 상당히 큰 영향을 줄 것으로 보인다.

2019년 노동통계청 자료의 그래프를 보면, 교육 수준이 한 단계 올라갈 때마다 임금이 어떻게 달라지며, 실업률이 어떻게 달라지는지 알 수 있다. 교육 정도가 높아질 때마다 더 많은 임금을 받고 실업자가 될 확률이 떨어지는 상황을 반영한다. 물론 이 자료는 교육받은 인구의 평균적 결과에 불과하다. 그럼에도 분명히 가치 있는 자료이다.

온라인 교육의 접근성이 높아짐에 따라, 근로자들은 그들의 삶과 기술을 발전시킬 더 많은 기회를 얻는다. 이전의 불황 속에서는 시도하지 못했거나 아예 가능하지 않았던 방식으로 전개될 것이다. 근로자들이 온라인 교육 플랫폼에 쉽게 접근하는 환경이 조

[도표 21-8] 교육 수준에 따른 실업률[10]

2019년 실업, 임금, 교육 수준과의 연관성
2019년 교육 수준에 따른 실업률 및 소득

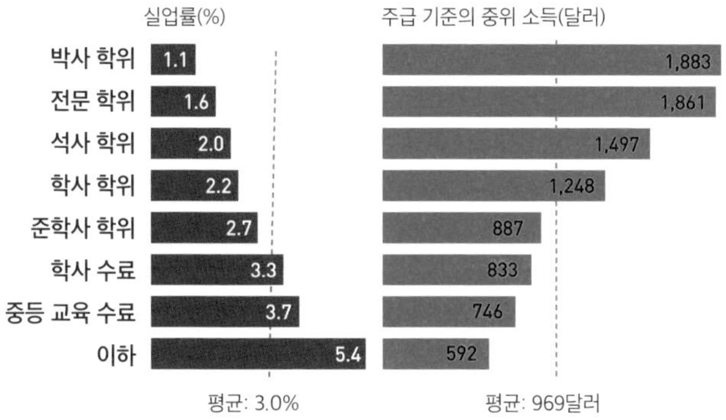

참고: 데이터는 25세 이상 정규직 소득을 기준으로 삼음

출처: 미국 노동통계청, 프레스티지 이코노믹스, LLC

[도표 21-9] 대공황 시대 고용 시장 데이터[11]

1927년~1947년 고용 상태에 따라 분류한 총 경제 활동 인구/연 평균/ 단위: 천 명

연도	총 경제 활동 인구	군 인력	민간 인력				
			총합계	근로자			무직
				총합계	농업 분야 종사자	비농업 분야 종사자	
1929	49,440	260	49180	47630	10450	37180	1550
1930	50080	260	49820	45480	10340	35140	4340
1931	50680	260	50420	42400	10290	32110	8020
1932	51250	250	51000	38940	10170	28770	12060
1933	51840	250	51590	38760	10090	28670	12830
1934	52490	260	52230	40890	9900	30990	11340
1935	53140	270	52870	42260	10110	32150	10610
1936	53740	300	53440	44410	10000	34410	9030
1937	54320	320	54000	46300	9820	36480	7700
1938	54950	340	54610	44220	9690	34530	10390
1939	55600	370	55230	45750	9610	36140	9480
1940	56180	540	55640	44220	9690	34530	10390
1941	57530	1620	55910	50350	9100	41250	5560
1942	60380	3970	56410	53750	9250	44500	2660
1943	64560	9020	55540	54470	9080	45390	1070
1944	66040	11410	54630	53960	8950	45010	670
1945	65290	11430	53860	52820	8580	44240	1040
1946	60970	3450	57520	55250	8320	46930	2270
1947	61760	1590	60170	58030	8260	49770	2140

* 1929~39년 추정치는 미국 노동통계청이 조사했다. 1940~47년의 추정치는 미국 인구조사국, 노동 인구 공시자료로부터 가공된 자료이다.

성되면서 장기적으로는 경제 부문에 더 큰 이익이 기대된다.

그럼에도 불구하고 코앞에 닥친 위험은 여전히 경제에 큰 위협을 가하고 있다. 코로나19로 타격받은 특정 분야의 회복 속도는 예상보다 느리게 진행될 것이다. 부동산 중개업, 관광업, 여행업, 개인 서비스업 등 특정산업과 일부 관광 의존 지역이 대표적인 분야가 되겠다.

덧붙여서 현재 실업률은 애석하게도 낮아질 조짐조차 보이지 않고 있다. 이는 곧 미국 고용 시장이 완전히 회복하는 데 수년이 걸린다는 의미이다. 고용 시장이 크게 개선될 때까지 먹고사는 생존의 문제는 계속해서 위험 요소로 작용할 것이다.

CHAPTER 22

재정 정책 및 부채

코로나19 팬데믹, 경제 폐쇄, 불황의 여파에 세계 경제는 통화 정책과 재정 정책으로 간신히 부양되고 있다. 통화 정책은 금리 인하를 결정하는 중앙은행에 의해 정해진다. 반면 재정 정책은 기록적인 수준으로 부채를 증가시키는 정부에 의해 추진된다.

국 채

계속 증가하는 미연방 정부의 부채 수준은 심각한 상황이다. 코로나19는 이를 훨씬 악화시키고 있다. 2020년 1분기 말 미국 재무부가 공식적으로 발표한 연방 정부 부채 수치는 23조 2,000억 달러였다.

2020년 7월 11일까지 17주 동안 실업자가 된 5,130만 명에게 지급한 추가 실업 급여와 경기 부양책은 지난 분기에만 수조 달러의 국채를 증가시켰다. 예상컨대 2020년 7월까지 국채는 26조 5,000억 달러에서 27조 달러 사이에서 마무리될 것 같다. 한 마디로 빚이 너무 많다.

[도표 22-1]을 보자. 최근 몇 년간 미국 국채의 증가 속도는 매우 가파르게 올랐다. 처음 1조 달러를 초과하는데 205년이 걸렸다. 1조 달러를 초과한 시점은 1981년 10월이다. 그 후 1986년 4월 국가 부채가 2조 달러가 되는 데 5년도 채 걸리지 않았다.[1]

[도표 22-1] 미 정부의 부채[2]

2020년 1분기 23조 2000억 달러를 넘은 미연방 정부의 부채 및 상승 가능성

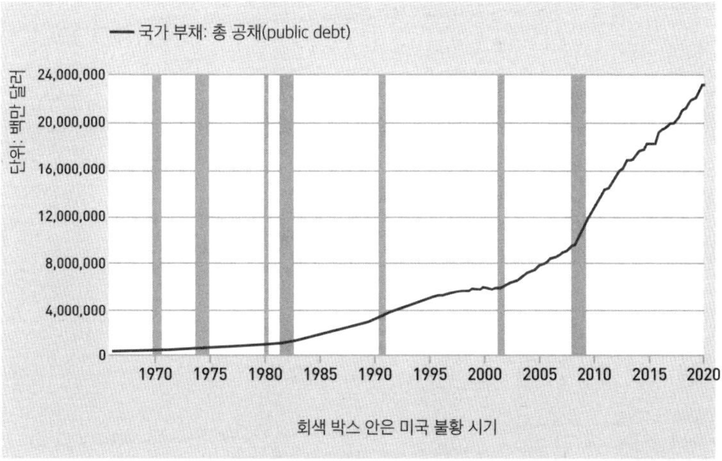

출처: 미국 재무부, 프레스티지 이코노믹스, LLC

다시 말해 1조 달러를 넘기까지 205년이 걸렸던 부채가 2020년 2분기에는 매달 그만큼씩 늘어났다. 어디 그뿐인가? 역사상 최악의 노동 조건과 경제를 되살리기 위해 훨씬 더 많은 부채가 발생할 것이다.

정부 부채가 그리는 그래프 곡선만큼 뚜렷하지는 않지만, 경제 불황이 시작된 후 미국의 GDP 대비 부채 비율 역시 [도표 22-2]에서 보는 것처럼 급격히 증가했다. 이렇게 국가 부채가 높

[도표 22-2] GDP 대비 미국 총 국가 부채 비율[3]

2020년 1분기 107.8%에 달하는 미연방 정부 GDP 대비 부채 비율 및 상승 가능성

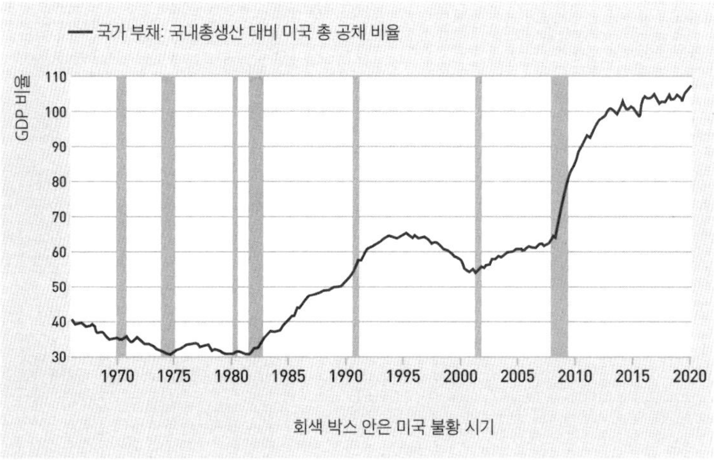

출처: St. Louis 연방준비은행, OMB, 프레스티지 이코노믹스, LLC

으면 부정적인 결과를 낳는다. 미래 경제 성장이 발목 잡혀 앞으로 나아가지 못한다. 게다가 부채의 익스포저Exposure(신용 사건 발생 시 특정 기업 또는 국가가 거래 상대방으로부터 받기로 약속된 대출 및 투자 금액뿐만 아니라 파생상품 등 연관된 모든 거래에서 발생할 수 있는 손실 금액-옮긴이)는 정부 부채에서 파생된 복리 이자로 더 악화된다.

일부 분석가는 다른 나라에 비해 미국의 GDP 대비 부채 비율이 낮다고 하지만 미국 경제는 세계에서 가장 큰 규모이다. 미국의 부채 수준이 높아지면 시간이 지날수록 세계 경제는 미국 국채 발행을 감당하기 어렵게 된다.

물론 미국만의 위기는 아니다. 2020년 6월에 발표된 IMF 자료에 따르면, 세계 경제가 팬데믹과 불황에서 살아남기 위해 부채를 늘렸다. 선진국들과 신흥 경제 시장은 모두 제2차 세계대전 이후 부채 수준이 GDP 대비 가장 높거나 아니면 그 이상이었다.[4] 이런 GDP 대비 부채 비율이 [도표 22-3]에 나타난 바와 같이 계속 증가할 조짐을 보인다.

최악의 소식은 세계 경제가 회복하기까지 얼마나 더 많은 빚을 질지 모른다는 데 있다. 정부가 국민에게 주는 재정 지원도 이제는 감당할 수 없는 문제가 되었다.

몇 년 전, 노인의료보험제도medicare, 저소득층의료보장제도

medicaid, 사회보장제도social security에 사용된 단기 공채(상환기간이 1년 이내인 공채-옮긴이)만 200조 달러로 추산됐다.[6] 실제로 미국의 재정 지원은 수년간 자금 부족을 겪어왔다. 이제는 미국 정부가 운영하는 자금에서 부분적으로 끌어오고 있다.

[도표 22-4]에서 보듯이 은퇴자뿐만 아니라 사회보장제도로부터 돈을 받는 수급자의 다수가 사회보장에 의존한다. 2015년 은퇴자의 34%는 수입의 90% 이상을 사회보장으로 해결했다.

베이비붐 세대가 은퇴하는 시점인 것도 문제를 부추긴다. 은퇴한 근로자가 급격히 늘면서 새롭게 지급되는 사회보장 혜택의 수 또한 증가한 것을 [도표 22-5]에서 확인할 수 있다. 퇴직근로자에게 지급되는 사회보장 혜택은 지난 25년 동안 두 배가 되었

[도표 22-3] GDP 대비 전 세계 부채[5]

IMF는 세계 공적 부채가 제2차 세계대전 이후 최고점을 기록할 것이라고 보고했다

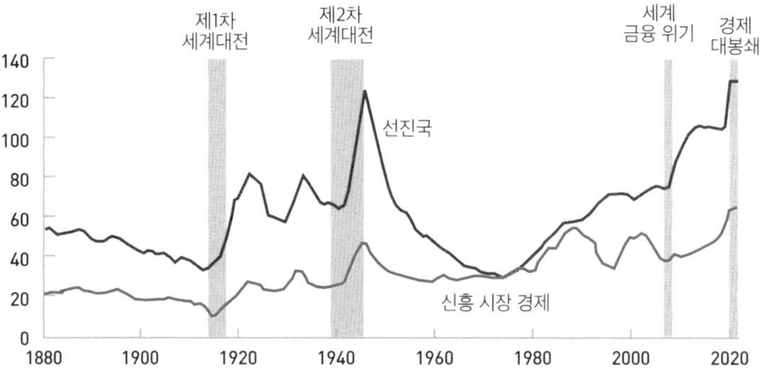

출처: IMF 세계전망보고서, 프레스티지 이코노믹스, LLC

다. 2019년에는 300만 이상의 사회보장 혜택이 퇴직근로자들에게 제공되었다.

고령화는 사회보장제도와 재정 지원 시스템에 매우 큰 위험요소이다. 사회보장국Social Security Administration은 2020년 7월 발행한 보고서에서 이대로 가다간 머지않아 파산에 이른다고 발표하였다.[8]

[도표 22-4] 은퇴자들의 사회보장제도 의존도[7]

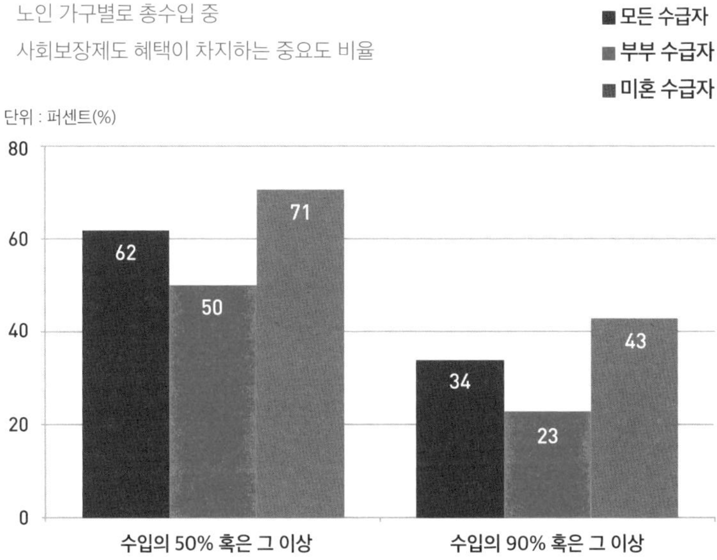

참고사항: 모든 수급자라 함은 같이 거주하는 부부나 결혼하지 않은 사람을 일컫는다. 법적으로 부부지만 떨어져 사는 부부나 함께 살지 않는 부부도 모두 포함된다.

출처: SSA, 프레스티지 이코노믹스, LLC

[도표 22-6]은 정부의 지불 능력 한계 시점이 2035년이라고 예상한다. 정부의 파산과 관련하여 사회보장국의 리포트를 보자.

"사회보장은 현행 지급액 및 세율로 봤을 때 장기적인 지속이 어렵다. 2010년 사회보장 프로그램은 세금과 비이자non-interest 수입으로 모은 금액보다 더 많은 지급액과 비용이 필요하다."

2020년 OASDIOld Age and Survivors Insurance(노령자 및 유족 보험-옮긴이) 신탁위원회 연차 보고서Trustees Report는 앞으로 75년 동안 이 패턴이 지속된다고 말한다. 신탁위원회는 OASI와 DI(장애연

[도표 22-5] 사회보장 보상을 받는 퇴직자의 증가[9]

베이비붐 세대의 집단 은퇴에 따라 증가한 사회보장 혜택을 받는 은퇴한 수급자
퇴직근로자와 장애인 근로자에게 제공되는 새로운 보상 건수

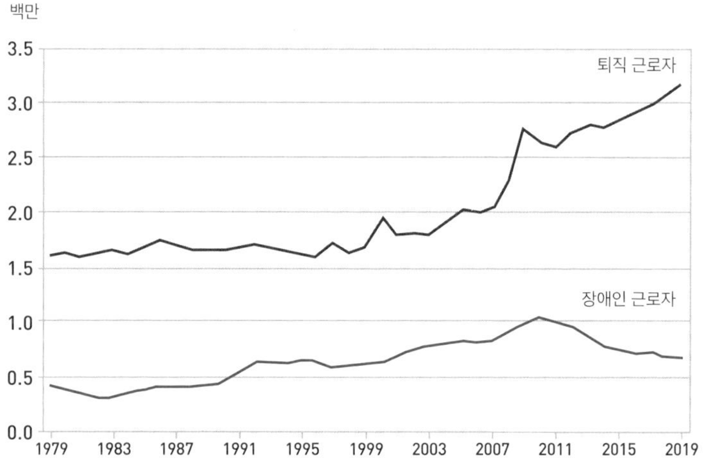

출처: SSA, 프레스티지 이코노믹스, LLC

금-옮긴이)의 신탁기금 적립금 합산액도 2035년이면 대폭 감소한다고 추정한다. 급여세와 다른 소득이 기금으로 유입되지만, 사회보장 프로그램 비용의 79%만 충족된다. 2020년 리포트에 보고된 바와 같이, 향후 75년 동안 예상되는 부족분은 과세 급여 총액의 3.21%에 해당한다.[10]

상당히 심각한 경고이다. 그 원인은 훨씬 많은 돈이 나가지만, 예상보다 훨씬 적은 돈이 들어오기 때문이다.

[도표 22-6] 사회보장제도의 파산[11]

2035년을 파산 시점으로 예측하는 사회보장국
사회보장 수입에서 과세 급여 총액의 %를 비용으로 환산하여 뺀 값

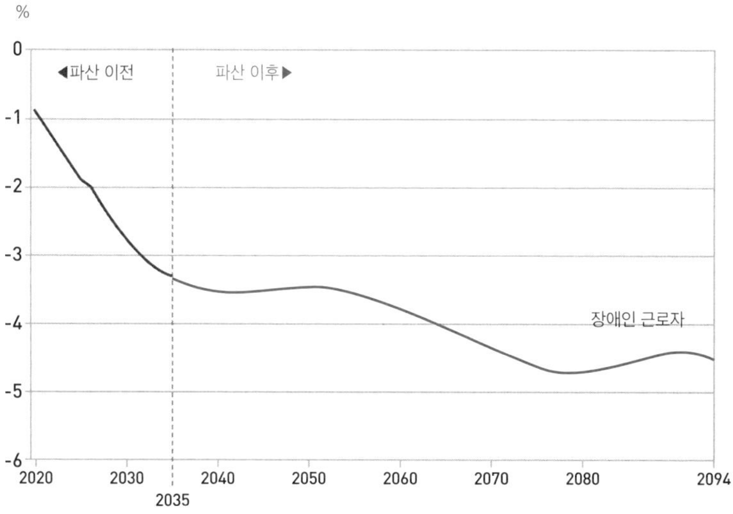

출처: 2020년 고령 및 유족 보험, 장애 보험 신탁기금에 대한 신탁위원회 연례보고서, 표 IV.B1, SSA, 프레스티지 이코노믹스, LLC

은퇴자가 증가함에 따라 사회보장비용, 노인의료보험제도, 저소득층의료보장제도의 비용도 증가한다. 은퇴한 노년층에게 부정적인 영향을 주는 코로나19 팬데믹 같은 상황으로 이러한 비용은 급격히 증가하고 훨씬 상승한다. 또한, 계속 늘어나는 부채에 대한 이자, 높은 실업률, 늘어난 사회보장 비용과 지원금은 끊임없이 나간다.

반면 재정 지원 자금 조달은 원활하지 않다. 높은 실업률로 소득세를 내는 근로자가 줄었기 때문이다. 재정 지원은 소득세로 충당되는데, 적은 세금은 자금 상황을 악화시키는 원인이 된다. 특히 경제를 살리기 위해 세금을 감면해준다면 더 부족해진다.

두 가지 방법

혹자는 모든 나라가 부채의 짐을 지고 있어 환율이 안정적이라는 사실로 위안을 삼는다. 그러나 급속도로 증가하는 부채 상황과 세계 경제 성장은 상당히 불투명하다. 이런 상황은 헤밍웨이의 소설 《해는 또 다시 떠오른다The Sun Also Rises》 속 토론 장면을 떠오르게 한다.

"어떻게 파산하셨어요?"

"두 가지 방법이 있었네요. 천천히…, 그러다 갑자기!"

앞서 말했지만, 미국의 부채가 1조 달러에 도달하기까지 205년 걸렸다. 그러나 최근 2020년 2/4분기에는 매달 약 1조 달러씩 증가했다. 그만큼 미국 부채가 불이행될 위험이 커지고 있다. 한 발 나아가 생각해보면 앞으로 중앙은행이 상당히 많은 정부의 부채를 매입한다는 추정이 가능하다.

주 정부의 문제

부채와 관련하여 주 정부의 부채State Debt도 빼놓지 않고 생각해야 한다. 주 정부 부채는 연방 정부 부채보다 더 큰 위험에 처해 있다. 그 결과 훨씬 더 센 쓰나미를 몰고 올 것으로 예상된다.

연방 정부는 부채의 위험에 두 가지 대안을 살펴볼 수 있다. 더 많은 돈을 찍어내는 것과 중앙은행에 모든 부채를 사들이는 방법이다. 그런데 시티city, 카운티county, 주state에서는 선택할 대안 자체가 없다.

중앙은행이 지방채Municipal Debt를 매입해줄 수는 있다. 주 정부가 발행한 지방채는 연방 정부와 중앙은행의 손에 달려 있다. 수입, 매출, 법인세에서 나와야 할 수익이 부족한 상황에서 부채까지 더해지면 주 정부의 부담은 가중된다. 게다가 실업률까지 높은 수준을 보인다면 주 정부의 지출도 높아질 수밖에 없다. 더 큰 우려는 높은 실업률과 함께 무시무시한 부동산 위기가 닥친다는 점이다. 재산세를 담아두는 정부의 금고까지 축낼 수 있다. 이 모든 일이 주 정부에게는 악재이다.

가치를 잃은 채권이 발생시킬 위험은 상당하다. 투자자는 가치가 떨어지는 채권을 앉아서 보게 된다. 지방채를 가지고 있는 사람에게 그 위험은 더 크게 다가온다. 그렇게 되면 연방 정부가 채무를 불이행하는 모습을 보게 될 수도 있다. 노골적인 불이행이 아니라 돈을 찍어내 중앙은행에 채권을 매입하게 할 것이다. 채권 가치를 평가 절하시키는 방법이다. 이로써 인플레이션이 올 수도 있다.

정부는 돈의 가치가 하락하게 되므로 지불해야 할 돈이 줄어든다. 더 나아가 올라가는 부채 수준을 고려했을 때 미래에는 마이너스 금리가 되지 않으리라는 보장이 없다. 이 같은 움직임은 고정 금리 채권의 상품 가치를 올린다. 그러나 채권 투자에 플러스 수익을 제공할 정도는 아니다. 이자율이 마이너스가 되면 오히려 그 반대가 된다.

연방 정부의 부채가 증가하면 경제 위기 동안 국민을 부양하는 정부의 능력은 줄어든다. 근로 장려를 위한 지원은커녕 재정 지원과 부채에 대한 이자를 국민에게 부담시키는 형국이 된다.

정부의 재정 지출에는 두 가지 길이 있다. 이자율이 마이너스로 떨어져 다른 주 정부가 부채 이자를 덜거나, 인플레이션이 걷잡을 수 없이 상승하여 발행한 채권 가치를 떨어뜨리는 것이다. 개인적 견해로는 현재 미국 경제 상황을 놓고 봤을 때, 수요 측면이 약한 추세이므로 소비자 인플레이션보다 마이너스 금리가 발생될 것으로 본다. 특히 유로존Eurozone에서 마이너스 금리를 시행하고 있어서 더욱 그렇다.

CHAPTER 23

통화 정책과 근대 통화 이론

예부터 중앙은행은 일상 업무를 용이하게 해주는 대차대조표 balance sheet(자산과 이를 구입하기 위해 투입한 자본 및 부채를 좌우로 나눠 표로 정리한 것-옮긴이)를 갖고 있다. 이를 가지고 사업과 고정투자Fixed Investment를 약화시키기 위해 이자율을 올리기도 하고, 어느 땐 사업과 고정투자를 권장하기 위해 이자율을 낮추기도 한다. 예금 금리, 초과지급준비금Excess Reserve의 금리, 미국 연방기금 금리를 조정하며 경제 성장을 꾀한다.

그러나 중앙은행은 금융 시장 질서에 관여할 뿐 직접 개입하지는 않는다. 이자율에 영향을 미치는 방법으로 경제가 허물어지지 않도록 보호하기 위해 자산을 매입해주지도 않는다.

하지만 어느 날, 글로벌 경제 위기가 일어났다. 미국 부동산 거품이 금융 시스템까지 흘러들었고 위기를 초래했다. 부동산을 되살릴 유일한 방법은 중앙은행이 주택 담보 대출mortgage을 책임지는 것이었다. 동시에 중앙은행이 정부 국채를 매입하는 것은 이자율을 약화시키는 확실한 방법처럼 보였다. 위험을 감수하면서까지 투자해 치명적 위험에 처한 회사를 살리자는 의도였다.

효과는 있었다. 연준Fed, 유럽중앙은행ECB, 일본은행Bank of Japan이 대차대조표를 확대(중앙은행의 유동성 공급-옮긴이)했다. 그들의 논리는 애초에 존재하지 않았던 돈으로 단기 자산을 매입하면 문제가 되지 않는다는 이론을 적용한 것이다. 허상의 돈을 만들어내 대차대조표를 늘려 단시간 내에 만기가 도래하는 여러 자산, 예를 들면 주택담보대출, 채권, 다른 부채 자산을 매입한다. 이 자산들은 만기가 되었을 때 대차대조표에서 삭제될 수 있다. 그렇게 되면 확대된 대차대조표가 다시 돌아올 수 있으며, 애초에 없던 돈은 그대로 사라지게 된다는 이론이다.

[도표 23-1]을 보면 경제 위기 전 연준의 대차대조표는 9,000억 달러 이하였다. 그러나 2014년 12월엔 4조 5,000억 달러가 되었다. 이처럼 대차대조표를 확대했다.

유럽중앙은행도 [도표 23-2]처럼 2012년 중반까지 대차대조

[도표 23-1] 코로나19 팬데믹 동안 급격히 확대된 연준의 대차대조표[1]

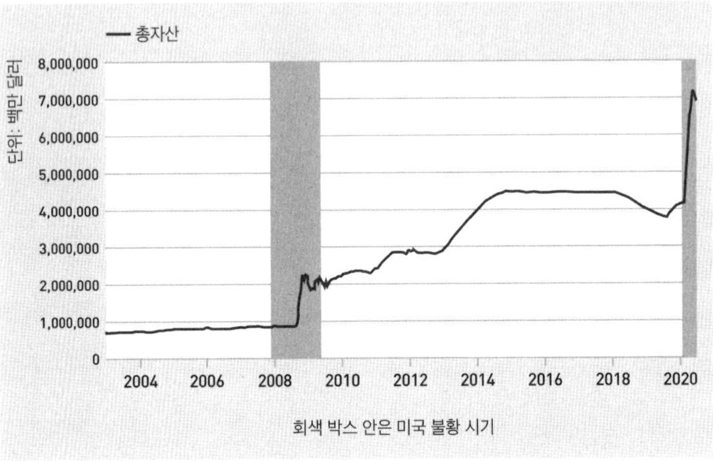

출처: Fed, FRED, 프레스티지 이코노믹스, LLC

[도표 23-2] 코로나19 팬데믹 동안 급격히 확대된 유럽중앙은행의 대차대조표[2]

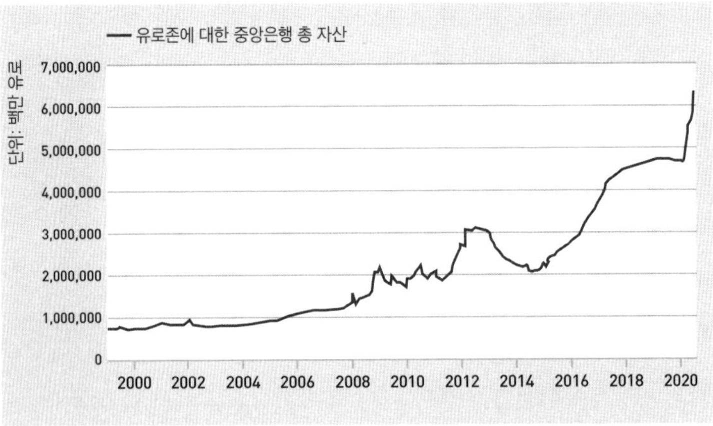

출처: ECB, FRED, 프레스티지 이코노믹스, LLC

표를 1조 5,000억 유로 이상으로 확대시켰다.

그 후 2012년 중반부터 2014년 말 사이에 확대한 대차대조표를 약 1조 유로로 축소하려 했다. 그러나 비참한 실패를 맛보았다. 대차대조표가 축소되자 유로존이 불황에 내몰린 것이다. 연준도 2018년과 2019년 동안 대차대조표 축소를 시도했다. 그 계획 역시 실패했다. 실제로 연준의 대차대조표 축소는 2019년 미국에서 '사업'과 '고정투자'에 대한 경기 침체를 유발했다.

확대된 대차대조표를 줄이는 두 번의 시도가 실패했다. 이후 발생한 애프터쇼크aftershock(위기 이후에 찾아오는 또 다른 충격-옮긴이)를 보면 대차대조표는 '확대'만 가능한 것처럼 보인다. 그러므로 자산이 만기되면 그 자금은 금융 시장에 재투자되어야 한다. 그렇지 않으면 경제 성장은 급격히 둔화된다.

코로나19 팬데믹과 경기 불황에 대응해 중앙은행들은 대대적으로 대차대조표를 확대했다. 그들은 훨씬 더 광범위하게 자산을 매입했다. 물론 이들의 행동은 완전히 예측 가능한 움직임이었다.

2016년 와이오밍 주Wyoming 잭슨홀Jackson Hole에서 열린 캔자스시티Kansas City 연준 연례행사에서 당시 의장이었던 재닛 옐런Janet Yellen은 다음과 같이 언급했다.

"미래 지침forward guidance(금융정책의 방향을 미리 알리는 조치로 2008년 금융 위기 이후 미국과 영국 등의 중앙은행들이 시장 우려의 완화 목적으로 새로 도입한 통화 정책 수단-옮긴이)과 자산 매입은 연준 정책 수단의 중요한 구성 요소가 될 것입니다. 미래의 정책 결정자들은 더 광범위한 자산을 매입하고 싶어 할 수도 있습니다."[3]

2020년 1월 1일 이후 불과 몇 달 만에 연준의 대차대조표는 2조 7,000억 달러 이상 늘렸다. 풍선처럼 부풀어진 연준의 대차대조표와 함께 미국 연방자금금리Federal Funds Rate(연방자금의 대출에 적용되는 금리로 미국에서 가장 대표적인 단기금리 중의 하나-옮긴이)는 [도표 23-3]과 같이 제로에 가깝다. 그러나 이는 미국 금리의 최저점이 아니다.

지속적인 높은 실업률은 부동산 위기를 낳는다. 늘어난 정부 지출과 수입 부족에 따라 마이너스 금리는 현실이 되어가고 있다. 유로존의 마이너스 금리 발생은 2014년부터였다. 그 당시 유럽중앙은행은 대차대조표 축소 정책을 철회했다.

대차대조표 확대를 정책 결정자들은 '양적 완화quantitative easing(중앙은행에서 신규로 대량의 화폐를 공급하는 것-옮긴이)'라 부르고, 경제학자들은 이를 현대적 화폐 이론, 즉 MMTModern Monetary Theory라고 부른다. 그러나 나는 강연할 때마다 "말도 안 되는 환

[도표 23-3] 제로에 가깝게 떨어진 미국의 연방자금금리[4]

출처: Fed, FRED, 프레스티지 이코노믹스, LLC

상적인 마법 동화를 논하는 것 같다."라고 말한다.

중앙은행에서 신규로 화폐를 공급하는 양적 완화가 지속 가능성에 마냥 좋은 신호는 아니다. 이런 역학 관계가 얼마나 오래 지속될지 의문이 든다.

결국, 일부 분석가들은 연준이나 유럽중앙은행 또는 일본중앙은행의 대차대조표 범위에 제한을 두는 문제에 의문을 제기했다. 그러나 이도 어려울 듯하다. 마이너스 금리의 문제가 생기기 때문이다. 가치가 떨어진 채권을 누가 사겠는가?

다음에 무슨 일이 일어날지는 시간이 말해줄 것이다. 경제나 금융 세계에서 환상적인 재무재표상 실체는 탄탄한 내구력을 자랑하거나 뛰어난 지속가능성을 보이지는 않는다. 그래서 거래자들은 이렇게 말한다.

"시장의 비이성적인 상황은 당신이 지불하려는 시간보다 더 오랫동안 이어질 수 있다."

연준 의장 파월Powell은 불확실한 정책 결정 상황을 두고 '네비게이션'에 비유해 비판을 받은 적이 있다. 길은 이미 정해져 있다는 뜻이다. 하지만 이 말은 충분히 적절한 비유였다. 중앙은행은 막바지에 다다르고 있다. 금리가 마이너스가 되어도 지금보다 더 심각하게 더 떨어질 것 같지는 않다. 양적 완화, 저금리와 같은 경기 부양책이 이미 우리 뒤에 와 있기 때문이다.

코로나19 팬데믹과 불황 때문에 시장, 정책, 경제 등 사회 위험 수준이 증가하고 있다. 미지의 지역을 탐험할 때 가이드는 지도를 들고 여러분에게 말한다. 지도가 안내하는 대로 가는 것이 가장 안전하다고. 제일 좋다고. 그러나 그곳에 용이 도사리고 있을지는 아무도 모른다.

CHAPTER 24

불균형과 불평등

높은 실업률을 경험해온 특정 집단은 인구 규모에 상관없이 경제적으로 많은 기회를 잃어버렸다. 역사적으로 볼 때도 경제적 불이익을 받는 이들은 계속 존재해왔다.

미국 경제는 지금에 와서야 힘든 시기를 보내고 있지만, 일부 집단은 이전부터 끊임없이 경제적 어려움을 겪었다. 기회, 고용, 소득, 부, 재산 소유 등에서 불균형과 불평등을 경험했다. 과거부터 지금까지 축적된 정부 데이터가 이를 대변한다.

미국 정부의 공식 자료는 '흑인 또는 아프리카계 미국인'이 이 난제에 직면해왔음을 보여준다. 심지어 경제 전성기에도 그들은 빈곤했다. 이 같은 불균형은 '히스패닉 또는 라틴계' 사람들을 대상으로 한 데이터에서도 그대로 보인다. 지속된 경제적 불균형은 2020년 초 양호했던 미국 경제와 역사상 가장 낮은 흑인 실업률로 어느 정도 해소된 것처럼 보였다.

그러나 코로나19 팬데믹과 불황이 시작되면서 심각한 불평등과 차별 문제가 다시 수면 위로 떠올랐다. 흑인과 아프리카계 미국인의 차별 문제는 계속해서 제기되었다. 그러던 중 조지 플로이드George Floyd(2020년 미국에서 경찰의 과잉진압으로 비무장 상태의 흑인 남성 조지 플로이드가 사망한 사건-옮긴이)가 사망하는 사건이 발생한다. 코로나19와 경제 불황이라는 최악의 상황이 더해져 '흑인의 목숨도 소중하다Black Lives Matter(2012년 미국에서 흑인 소년을 죽인 백인 방범요원이 이듬해 무죄 평결을 받고 풀려나면서 시작된 흑인 민권 운동-옮긴이).'와 같은 비슷한 운동, 시위, 데모가 급증하고 폭동이 발생하기도 했다.

폭력적인 시위가 벌어지게 된 계기에 대해서 갑론을박도 벌어졌다. '흑인의 목숨도 소중하다BLM 운동'에 동의하는 사람뿐 아니라 반대하는 사람들도 연루되었다는 주장이 제기되었기 때문이다. 그들이 폭력 사용을 부추겼고 이것이 일파만파 퍼지게 되었다는 것이다. 전혀 가능성 없는 이야기는 아니다. 어떠한 운동이든, 저항이든 외부 세력의 영향을 받았을 수 있다. 그러나 그것의 수용 여부는 따로 논의할 문제이다.

이제 미국 내 아니 더 나아가 전 세계 어디에서도 '경제적 기회'를 잡기가 어려워졌다. 일자리를 잃고 수입에 차질이 생긴 사람들이 수천만 명에 이른다. 이 같은 경제적 불안정은 불공평하게 차별을 받는 특정 집단에 강도 높은 압박을 가한다. 인종에 따라 받는 압박의 정도가 달라 실업률 역시 다르게 나타난다. 인종과 민족별 실업률의 변화는 [도표 24-1]과 [도표 24-2]에서 볼 수 있다.

현실에서 뚜렷하게 나타나는 불평등 현상은 정부가 제공한 공식적인 자료뿐 아니라 코로나19 영향을 많이 받은 집단을 보면

[도표 24-1] 인종 및 민족별 실업률[1]

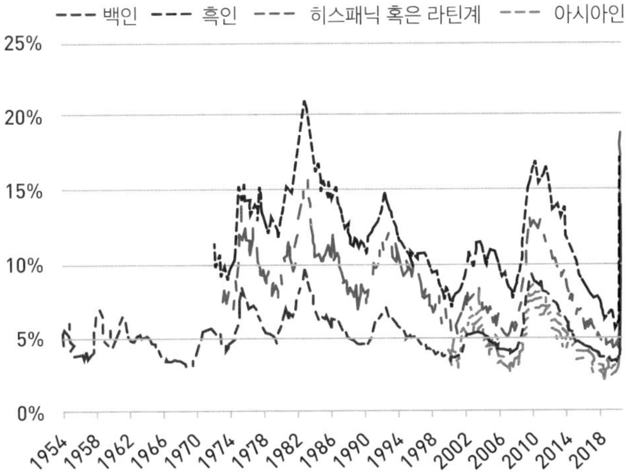

출처: 노동통계국, 연방준비은행 경제데이터, 퓨처리스트 인스티튜트

서도 인식할 수 있다.

사회적 갈등을 없애고 안정을 도모하기 위해 불평등 현상은 논리적으로 접근해야 할 부분이다. '인종 간 평등', '형평성', '사회 정의'와 같은 이슈들이 코로나19 팬데믹으로 왜 더 가열되고 있는지, 문제의 해결방법은 무엇인지 해법을 논의해야 한다.

특정 인종은 주택 소유와 소득 부분에서 줄곧 불이익을 겪었다. 이들에게 주어지는 기회는 항상 부족했다. 일부 정치인이나 경제학자는 [도표 24-3]과 [도표 24-4]에서 드러난 불균형을 설명하며 합리적 제도를 마련해야 한다고 주장한다. 이들이 근거

[도표 24-3] 인종 및 민족별 주택 소유[3]

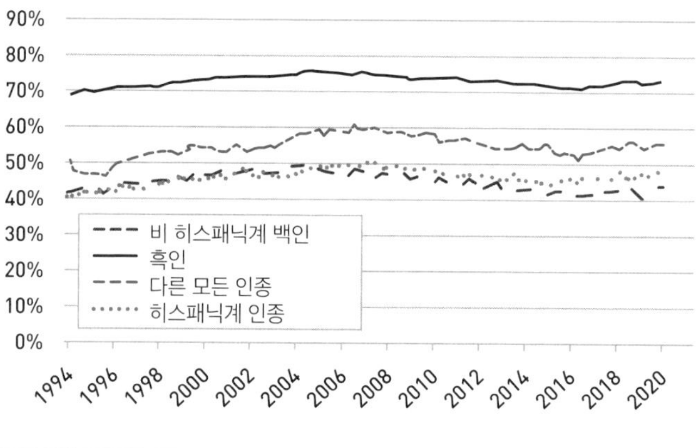

출처: 미국 인구조사국, 퓨처리스트 인스티튜트

로 사용하는 공식 자료가 나타내는 수치를 무시하기는 어렵기에 수긍하는 일면도 있지만 아직 해결되지 않고 있다.

물론 혹자는 심각한 불균형이 생긴 원인으로 차별을 고착화시키는 정부 정책과 함께 역사적으로 계속되었던 인종차별을 꼽는다. 사실이야 어떻든 사회적 안정을 위해 불균형은 해결되어야 한다. 어떤 해결책도 완벽할 수는 없지만, 이러한 현실을 지켜만 봐서는 안 된다.

미국 내에 존재하는 불평등, 불균형, 부족한 기회를 '어떻게' 다룰지보다 얼마나 '빨리' 해결할 것인가로 접근해야 한다. 이것

[도표 24-4] 인종 및 민족별 소득[4]

인종 및 민족별 10만 달러를 버는 가구의 비율

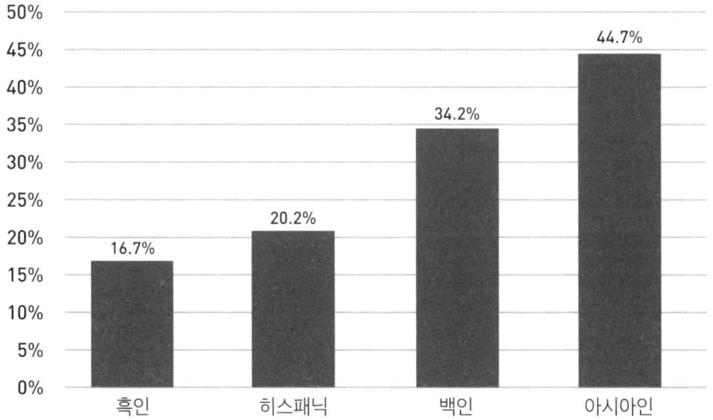

출처: 미국 인구조사국, 퓨처리스트 인스티튜트

이 갈등을 줄이는 길이며 사회 안정을 도모하는 수단이다. 인종 사이의 불균형은 코로나19 팬데믹과 불황의 영향으로 더욱 심각해져 문제를 해결하려는 의지와 속도가 더욱 중요해졌다. 문제 해결이 늦어지거나 제도상의 문제가 발견된다면 반발이 거세져 사회의 혼란과 갈등이 야기될 수 있다.

불평등과 차별은 저항과 혁명의 계기가 된다. 지속적으로 사회를 위협하는 요소가 될 확률도 높다. 더 우려스러운 점은 1968년과 달리 현재 미국 경제는 어려운 시기를 감당하고 이겨낼 상황이 아니라는 것이다. 실상은 지금 미국 경제는 1968년 때보다 훨씬 더 휘청거리고 있다.

역사 속 저항과 혁명을 분석할 때 기준 삼았던 6가지 요인을 기억하는가? 최근 발생했던 시위에 적용하면 다음과 같이 요약할 수 있다.

*실제로 일어난 그리고/또는 사람들이 인식한 경제적 기회 부족

*실제로 일어난 그리고/또는 사람들이 인식한 구조적 불평등

이와 같은 요인의 배경은 취약한 경제 상황이다. 어려운 경제 상황에 더해 여러 위험의 요인들이 유기적으로 혼재되어 있다. 위 조건에 해당하는 사람들이 정치적인 저항 운동에 가담하면

재앙의 불씨가 된다. 따라서 불평등과 기회 불균등 문제를 해결하면, 경제적 취약점이 사라져 역사 속 폭력과 쿠데타를 일으켰던 근간을 제거하는 데 도움이 된다.

다행이라고 해야 할까? 현재 평등의 기회, 사회적 기회 부족을 요구하는 소수집단은 인구 구성에서 적은 비율을 차지한다. 이런 소수집단이 인구의 더 많은 부분을 차지했다면, 정치적으로 훨씬 위험부담이 컸을 것이다. 어쩌면 우리는 이미 엄청난 규모의 혁명에 휩쓸려 있을지 모른다. 하지만 안심은 금물이다. 상황에 따라 더 많은 사람이 '정의, 형평성, 평등'을 이유 삼아 정치활동에 참여할 가능성이 크다.

지금 당장은 불안 요소가 없더라도, 역사적으로 불이익을 받아왔던 유색 인종의 인구 규모는 시간이 갈수록 증가한다. 이 사회의 소수집단 구성원들은 기업, NGO, 정부, 시민 대응을 똑똑히 기억하고 있다. 코로나19 같은 어려운 시기를 지날 때 이들의 대응이 어떠했는지, 약자를 어떻게 대변하는지 말이다.

저항의 위험에서 벗어나려면 보다 빨리 무언가를 해야 한다. 불안한 정치 분위기에서는 더욱 그렇다. 튼튼한 정치 안정의 기반 위에서 국가 존립이 보장된다.

CHAPTER 25

강대국 간의 패권 경쟁

코로나19 팬데믹과 불황 이후 벌어질 전 세계 저항과 혁명을 생각할 때 강대국 간 패권 경쟁은 매우 중요하다. '패권 경쟁'이라는 용어는 국가 안보 전문가들이 세계무대에서 강대국들끼리 정치 시스템, 상업, 소프트 외교soft diplomacy(소프트 파워를 이용한 외교, 소프트 파워: 강제나 보상이 아닌 설득과 매력을 통해 원하는 것을 얻는 능력-옮긴이), 군사, 경제 등을 놓고 경쟁하는 모습을 묘사할 때 쓰인다. 현재는 협력 관계이자 경쟁 관계인 중국과 러시아가 미국 시스템과 자원을 대상으로 벌이는 경쟁을 의미하기도 한다.

미국과 유럽 등 여러 나라가 가입한 나토는 긴장과 안정을 반복하는 패권 경쟁에서 미국을 지지하는 입장이다. 러시아의 영향력은 최근 몇 년 동안 지정학적으로 동유럽에 재확산되고 있다. 동유럽을 넘보는 러시아의 계획은 충분히 위협적이다. 이로 인해 우크라이나와 발트해에 위치한 국가들이 긴장하고 있다.

미국과 러시아 사이의 갈등은 사이버 공간에서도 상당히 뜨겁다. 이 내용은 다음 장에서 핵심주제로 다룰 예정이다.

러시아는 2016년 미국 대통령 선거와 영국의 브렉시트Brexit(영국을 뜻하는 Britain과 탈퇴를 뜻하는 exit의 합성어로 영국의 EU 탈퇴를 의미-옮긴이) 투표 당시 직간접적 영향력을 행사했다. 사회적 갈등을 초래하고 정치적 불만을 조장하기 위해 내밀한 작전을 펼쳤다. 대통령 선거 당시에는 SNS를 통로 삼아 미국의 여러 하위 그룹들과 화이트(중간 계층 이상 자본가) 계급의 적대성을 조장하기 위해 분란을 조장했다. 우리는 이 점을 예의 주시해야 한다.

미국과 중국

미국은 유럽 국가들과 밀접한 관계를 유지하기 위해 노력하고 있다. 반면에 중국과는 외교, 정치, 기술, 무역, 군사 등 여러 분야에서 긴장 관계가 형성되고 있다.

경제, 무역, 부채 부문에서 일부분 공생관계를 유지해온 미국과 중국은 최근 몇 년간 그 관계가 악화되었다. 중국의 기술이 상당한 발전을 보이고 전 세계에 미치는 중국의 영향력이 커지면서 심화되었다. 중국의 성장은 미국이 중국과 패권 경쟁을 하게 된 가장 핵심적인 부분이다.

2018년 초 시작된 미국과 중국의 무역 전쟁은 양국 간 골칫거리로 남아 있다. 지금까지도 전 세계 무역 흐름에 큰 피해를 주고, 특히 기술 중심의 회사에 중대한 영향을 끼치고 있다. 향후 이들은 북미와 중국 시장에 서비스를 선보이기 위해 공급망supply chain을 변경하거나 아예 두 방향으로 운영하는 것을 모색할지 모른다.

코로나19 이후에도 이 무역 관계가 일시에 개선될 기미는 보이지 않는다. 27장에서 미국과 중국 관계가 앞으로 어떻게 발전하게 될지를 다룬다. 미국과 중국의 미래 관계를 4가지로 구분지어 설명할 예정이다. 협력과 경쟁을 넘나드는 미·중 관계는 가까운 시일 내에 더 긴장 상태로 접어들 가능성이 크다.

미국 내에서의 위험 요소

코로나19는 강대국들의 패권 경쟁에 상당한 압박을 가했다. 미국 체제를 파괴하려는 세력은 이를 이용해 미국의 취약점을 세계에 적나라하게 노출시켰다.

미국 내에서 패권 경쟁과 관련된 담론은 대외 리스크에 초점이 맞춰져 있다. 패권 경쟁이 러시아와 중국의 체계가 강화되면서 더욱 심각해졌다는 것이다. 그러나 논의에서 간과되고 있는 점이 있다. 미국 내부를 위협하는 결정적 요인이자 아킬레스건은 바로 SNS와 가짜 뉴스 등이다. 겉으로 드러나지 않는 미국의 취약점은 자유로운 의사 표현이라는 것이다. 검증되지도 않은 정보들이 공유되고, 이런 정보들은 심리전에 악용되고 있다.

미국은 민주주의 국가로서 공개토론과 비판이 자유롭다. 특히 SNS와 인터넷에서 자신의 정치적 의견을 표현하는 데 거리낌이 없다. 그러나 이렇게 의사 표현의 자유가 보장되는 시스템의 강점은 미국 사회에 가장 큰 약점이다. 종종 악의적으로 컴퓨터 프로그램을 이용하거나 트롤troll(인터넷 토론방에서 남들의 화를 부추기기 위해 보낸 메시지. 이런 메시지를 보내는 사람-옮긴이)짓을 하거나 돈을 받고 미국의 근간을 흔들어놓는 활동이 판을 친다. 그로 인해 SNS상에서는 제대로 된 공개토론과 비판이 이뤄지지 않는다. 26장에서 이 주제를 좀 더 자세히 다루어 보겠다.

CHAPTER 26

국가 내부의 여러 정체성

저항과 혁명을 일으키기 위해서는 반드시 민중들을 열광시키고 혁명에 동원할 메시지가 필요하다. 과거 벌어졌던 저항과 혁명 역시 사람들에게 '메시지'를 던졌다. 메시지는 사회 문제에 대한 관심을 불러일으키는 것부터 사람들을 선동시키기까지, 그 범위가 매우 넓고 미묘한 차이를 보인다. 저항과 혁명이 전달하는 메시지는 힘이 있어 대중을 사로잡는다.

이를테면 부족한 기회, 억압, 빈곤, 국가적 수치 등은 실제로 현실에서 마주하고 있거나 사람들의 인식에서 '그렇다'라고 판단되는 주제이다. 이와 관련한 메시지를 정교하게 만들어 대중에게 전달하면 대중은 상상하고 공감하며 지지한다.

IT의 발달로 메시지 공유를 위해 인쇄비용을 들일 필요도 없다. SNS를 이용해 더 쉽고 저렴한 방법으로 가능해졌다. 정서적으로, 경제적으로, 사회적으로 취약 계층에 속한 개개인에게 사회 혼란을 조장하는 콘텐츠를 일시에 전폭적으로 확산할 수 있는 것이다.

실제로 2016년 미국 대통령 선거에서 SNS의 영향력은 그야말로 어마어마했다. 2016년 선거 당시 발생했던 혼란은 미국 정치 시스템에서 비롯된 문제가 아니었다. 러시아가 미국 선거에 개입하면서 생겨난 혼란이었다. 그들은 대대적으로 SNS를 활용했다. SNS가 정치적 무기처럼 사용되는 일이 시작된 것이다. 미국 특검은 러시아인의 2016년 미국 대선 개입 수단이었던 인터넷 리서치 에이전시Internet Research Agency를 기소했다. 러시아인들이 미 대선에 개입하기 위해 매달 운용한 금액은 약 125만 달러에 달했다. 그들은 수백 명의 인원을 고용해서 온라인을 운영했다고 밝혔다.[1]

더 나아가, 경제학자 네이트 실버Nate Silver는 다음과 같이 밝혔다.

"러시아의 방해 공작은 수년 동안(최소 2014년부터) 진행되었다. 다양한 목적을 가지고 트롤링trolling(인터넷 공간에서 공격적이고 반사회적인 반응을 유발하는 행위-옮긴이)을 하면서, 러시아의 방해 공작은 점점 진화되었다. 특히 힐러리 클린턴의 위상은 깎아

내리면서, 트럼프의 위상은 높여주는 활동을 전개했다. 단, 버니 샌더스Bernie Sanders의 경우는 조작 정도가 덜했다. 이 사실이 어느 정도 문제시되기 전까지는 뒤죽박죽 얽힌 이 일의 발생 배경을 알아내기 어려웠다. 그동안 해온 방해 공작이 선거운동 전체에 걸쳐 얼마나 큰 영향을 미쳤는지를 정확히 알지 못했던 것이다.[2]

페이스북 사용자 중 총 1억 2천6백만 명이 러시아발 메시지를 보았고, 트위터상에서는 131,000개 이상의 메시지를 보았으며, 유튜브에서는 1,000개 이상의 동영상을 사람들이 보았다.[3]

SNS로 광고했을 때 그 영향력이 어떤지를 아는 것은 이제 새로운 과제가 아니다. 이 부분을 놓고 매일같이 회사들이 고민하지 않는가? 모든 광고가 그렇듯 더 많은 사람이 어떤 메시지를 보면 볼수록 그 영향력은 커진다.

힐러리 클린턴과 트럼프가 선거를 위해 사용한 자금이나 고용한 직원 수와 비교했을 때, 인터넷 리서치 에이전시가 들인 자금이 상대적으로 적었다. 이 자금의 출처가 러시아였다. 선거캠프에 쓰인 자금보다 더 적은 자금을 가지고도 결과적으로 더 큰 파급 효과를 일으켰다.

여기서 실버Silver가 말한 다른 지적을 보자.

"러시아가 미 대선에 들인 노력이 대규모 캠페인에 쏟은 노력과 비교하면 작은 편이라 할 수 있지만, 그들의 파급력이 '반올림으로 인해 생기는 오차rounding error' 정도로 인식될 만큼 작지는 않았다."

그는 이어서 다음과 같이 말했다.

"힐러리 클린턴이 정직하지 않고 신뢰할 수 없는 사람으로 비춰졌는데, 그 이유가 러시아인으로 구성된 조직이 집단적으로 '#Hillary4Prison'과 같은 해시태그를 사용했기 때문이다."[4]

법회계학forensic accounting(의학 분야에서 의료사고를 전문적으로 다루는 법의학처럼 회계부정 문제에 회계와 법률의 원리와 절차를 적용하는 전문 분야-옮긴이) 분야 전문가들은 러시아가 미국 대선에 개입하기 위해 얼마큼의 돈을 썼고, 가상화폐cryptocurrency가 어떻게 사용되었는지를 추적했다. 물론, '추적'이 이미 일어난 일을 수습하는 데 도움이 될지는 모르겠으나, 미래에 일어날 러시아의 개입을 멈추게 하지는 못한다. 특히 선거에 지대한 영향을 끼쳤던 페이스북 같은 SNS가 그 과정에서 부당 이득을 계속 취하는데 여념이 없다면 더욱 그렇다.

페이스북 측에서 자금이 정치적인 공작 활동에 쓰지 못하게끔 나름의 조치를 취한다고 하더라도, 페이스북이 진정성을 가지고 조치했다고 어떻게 믿겠는가?

바이스뉴스Vice News는 기사를 통해 이 상황을 아주 정확히 묘사했다. 제목부터 매우 적절하다.

"상원의원 100명으로 가장하여 페이스북 측에 광고 게재 요청, 모두 승인한 페이스북!"

2018년 10월 바이스뉴스는 이 기사를 통해 정치 광고의 실명제 승인(정치 광고의 투명성을 위해서 광고비를 내는 사람을 실명제로 밝힘-옮긴이)이 얼마나 쉬운 일인지를 폭로했다.[5]

바이스뉴스 측이 내린 결론은 다음과 같다.

"광고 실명제는 쉽게 조작될 수 있으며 거짓말로 정치 광고를 낼 수도 있다. 누구나 광고비를 지불하면 그 정치인 행세를 할 수도 있다."[6]

이 사건은 2018년 10월에 발생한 일이다!

국가 내부의 여러 정체성

외부 세력이 개입한 SNS 활동은 국가 내부에 여러 정체성을 키운다. 이는 국가 안정화에 문제 요인으로 작용한다. 코넬대학교Cornell University 국제학 교수이며 가장 존경받는 민족주의 이론가 중 한 명인, 베네딕트 앤더슨Benedict Anderson은 저서 《상상된 공동체Imagined Communities》에서 다음과 같이 말했다.

"민족주의는 인위적인 개념이자, 사실상 형성되기가 신기할 정도로 별난 개념이다. 각양각색의 서로 연관성이 전혀 없는 개인들을 서로 묶어 하나의 공통분모를 가질 수 있게 만든 이념이 바로 '민족주의'이다."

앤더슨은 민족주의의 근간을 '언어의 일치'와 '인쇄자본주의print capitalism'에서 찾았다. 인쇄 기술은 자본주의를 기반으로 발달했다. 대중적 언어에 기반한 출판산업이 번성하고 인쇄술의 발달로 같은 언어로 생각을 공유하는 것이 민족주의 형성에 직접적인 영향을 주었다는 것이다.

앤더슨은 다음과 같이 말했다.

"긍정적인 의미에서 새로운 민족 개념은 어느 정도 우연히 형성된 부분도 있다. 하지만 자본주의의 폭발적인 성장, 인쇄술과 같은 소통을 위한 기술의 발달, 언어의 다양성으로 인한 숙명성(전에 서로 교류가 없었던 이들이 신문과 같은 인쇄물을 통해 같은 언어권임을 확인하여 이 언어집단을 신이 내린 숙명으로 인식함-옮긴이)이라는 요소들의 상호작용으로 형성된 것이다."[7]

앤더슨의 책은 SNS가 등장하기 훨씬 전인 1983년에 처음 출간되었다. 하지만 그의 이론은 오늘날까지 인정을 받고 있다.

SNS는 인쇄자본주의print capitalism의 오늘날의 모습이다. 이제 이것을 '디지털 인쇄자본주의digital print capitalism'로 명명하고자 한다. 소셜미디어, 즉 SNS를 표현하는데 이보다 더 좋은 표현은 없을 듯하다. 자금을 가지고 SNS에서 활동한 러시아인들의 개입과 관련하여 페이스북 및 다른 소셜미디어는 부를 축적했다. 민주주의를 보호하거나 보존하기 위한 기본 체계나 기금 마련을 위한 어떤 노력도 없었다. 심지어 일이 커지고 난 뒤 후속 조치도 없었다.

사람들은 '디지털 인쇄자본주의' SNS라는 렌즈를 통해 자신의 정체성을 더욱더 발전시킨다. 이런 정체성은 과거 인쇄자본주의에서처럼 지리학적 틀에 얽매이지 않는다. 온라인에서는 국경도 없고 지역도 서로 모른다. 그럼에도 사람들을 하나로 묶어 그들의 성향과 정체성을 형성시키고 더욱 강화시킨다.

여기에서 '언어'란 단순히 국가를 기반으로 하는 언어가 아니다. 하나의 가치를 지향하는 것을 의미한다. 사람들은 때로 이 언어로 묶이기도 하고, 때론 분열되기도 하며, 같은 가치를 형성하며 소통한다. 기업은 이를 전략으로 개발한다. 주요 고객, 타깃 소비자, 선호도 조사에 응할 구성원을 식별하기 위한 목적이다.

만약 여러분이 어머니의 생일축하 인사를 페이스북에서 한다고 가정해보자. 아마도 어머니와 관련된 정보를 더 많이 알 수 있을 것이다. 이번에는 여러분이 고양이를 싫어한다고 가정해보

자. 누군가가 고양이에 대한 글을 게시했고, 여러분은 고양이를 얼마나 싫어하는지 열변을 토하기 위해 계속 SNS를 이용한다. 이때 여러분은 훨씬 더 많은 고양이 관련 데이터들에 노출될 것이다.

새로운 헬로 키티 굿즈goods나 푸쉰Pusheen(고양이 캐릭터 이름–옮긴이) 인형, 인기 있는 고양이 비디오, 심지어 뮤지컬 캣츠 등 이 모든 것을 의도하지 않아도 보게 된다. 물론 이 예시가 다소 극단적으로 보일지 모른다. 하지만 분명한 점은 페이스북과 같은 콘텐츠 플랫폼이 여러분에게 폭력적으로 노출된다는 점을 기억하라. 이런 SNS 플랫폼은 온라인 내 활동을 부추기기 위해 고안되었다. 화면을 통하여 여러분을 겨냥한 광고를 띄워 클릭할수록 개인의 성향과 개성에 맞는 알고리즘을 형성한다. 여러분이 선호하는 것, 혐오하는 것, 관심 가지면 좋을 만한 콘텐츠를 끊임없이 시야에 노출시키며 자극한다. 보고 싶지 않아도 볼 수밖에 없다. 그로 인해 당신은 서서히 판단력을 잃게 된다. 우려스러운 점은 이런 SNS의 특성을 이용해 부정적인 행위를 하는 사람들이 반드시 존재한다는 것이다.

플랫폼은 동일성 정치identity politics(특정 종교·민족·사회적 배경을 가진 사람들이 배타적인 정치적 유대를 결성하는 경향–옮긴이)를 키워

내는 터전이 되고 있다. 19세기 말 인쇄자본주의가 국가적인 규모로 행했던 방식이다. 인쇄 기술의 발달로 대중적 언어에 기반한 출판 인쇄산업이 번성하면서 사람들의 이성과 세계관이 동질화되고 같은 민족, 국민의 정체성이 생겼다. 바로 이 과정과 SNS상의 성향이 같은 사람들끼리 뭉쳐 그들의 정체성을 정립, 강화하는 과정이 흡사하다.

양적으로나 질적으로 너무 많은 콘텐츠로 인하여 예전과는 비교할 수 없을 만큼 아주 작게 분할된 그룹이 존재한다. 국가나 민족 단위가 아니라 더 세분화된 아주 작은 단위의 그룹이다. 이러한 그룹들은 혼자가 아니라는 생각을 더욱 강하게 만들어준다. 그 그룹의 정체성은 지배적이고 유일하며 심지어 올바른 정체성이라는 개념을 더욱 확고히 다져준다. 계속 올라오는 콘텐츠를 통해서 말이다. 이러한 개념과 밀접한 용어로는 '허위 합의 편향 False consensus bias'이 있다. 내가 믿는 것을 다른 이들도 믿을 것이라는 생각이다. 남들도 내 생각과 같다는 착각이다.

'디지털 인쇄자본주의'를 토대로 발달한 SNS 콘텐츠 유통은 개인의 정체성을 형성하는 데 매우 효율적이다. 과거 인쇄자본주의 시기에 민족과 국가라는 정체성을 인식하기 시작했던 것과 현재 SNS상으로 수많은 하위 조직들이 생겨나는 상황은 매우 닮아 있다. 단지 수단이 디지털화되었다는 것 외에 차이가 없다. 우리는 이 수단이 어떻게 사용되었는지 과거를 통해 이미 보았다. 이런 현상은 선거 시즌뿐 아니라 어느 사안에 대해 끊임없이 나타날 것이다. 사회 전반에 만연하여 더 많은 갈등을 부추길 것이라는 의미이다.

특히 코로나19 팬데믹 이후에는 더욱 심화될 전망이다. 안전을 위해 마스크를 쓰느냐 마느냐의 문제가 SNS상에서 매우 정치적인 이슈로 떠올랐다는 점을 상기해보자. 미국의 상대국들은 이런 수준의 불협화음을 보고 샴페인을 터트리지 않겠는가?

외부 세력의 개입

민주주의 사회는 다양성을 인정하면서도 공유되는 공통분모가 존재한다. 하지만 강대국 간의 패권 경쟁이 점점 치열해지면 이 '공통성'을 붕괴시키는 방법으로 사회적 혼란을 일으킨다. 여기에 SNS가 불만과 동요의 씨앗을 뿌리는 용도로 무기화될 것은 자명하다.

SNS는 제5부대(적국 내에서 각종 모략 활동을 하는 조직적인 무력 집단, 또는 그 집단의 구성 요원-옮긴이)가 설립되는 촉진제 역할을 할 것이다. 그들은 SNS를 이용해 그 나라 사람들의 정신을 혼란스럽게 하는 공작을 펼치고 그 국가의 정체성을 흔들 것이다.

이런 리스크를 줄이는 과정은 쉽지 않다. 페이스북과 트위터가 지금까지 그들의 플랫폼에 올라오는 콘텐츠를 규제하지 않는 모습만 봐도 그렇다. 물론 최근 몇 달 동안 가짜 뉴스를 제한하는 몇 가지 조치는 취했다. 그러나 해결해야 할 일이 이게 다가 아니다. 새롭게 떠오르는 SNS마다 위험 요소를 갖고 있다. 가장 최근 TikTok(틱톡)이 신나치주의자neo-Nazi들에 의해 교묘하게 이용된 사건이 있었다.[8] 현재 일부 국가에서는 틱톡 사용을 금하고 있다. 미국에서도 연방 공무원들의 틱톡 앱 사용과 다운로드는 금지된 상태이다.[9]

SNS의 발달로 국가 안보를 이끄는 주체들은 좌절감을 느낀다. 끝도 없이 벌어지는 디지털 심리전에 맞서며 사회의 위기를 본다. 잡아도 끝이 안 보이는 두더지잡기 게임을 하며 좌절감을 느끼지만 눈 뜨고 당할 수는 없는 일이다. 이에 강도 높은 경각심을 가져야 할 것이다.

PART 4

경제, 도약을 꿈꾸다

THE ECONOMICS OF
REVOLT AND REVOLUTION

THE ECONOMICS

OF REVOLT AND

REVOLUTION

위기의 순간에 희망을 보자. 코로나19 팬데믹 상황이 길어지고 있지만 이미 백신은 개발되었다. 길었던 경제 불황의 늪을 빠져나올 시점이 온 것이다. 하지만 경제적 상황을 극복하려면 다양한 측면에서 접근해야 한다. 정치, 국가 안보, 산업 등에서 미래를 이끌 원동력은 무엇인지 바로 보아야 한다. 적극적인 투자와 과감한 지원을 위해 냉정하고 객관적인 판단력이 필요하다. 과거와 현재는 미래를 위한 발판이다. 현재의 경제적 어려움에 매몰되지 말고 더 멀리 뛰기 위해 도움닫기를 시작하자.

CHAPTER 27

국가 안보 시나리오와 'NOISE' 프레임 워크

코로나19 팬데믹은 사회, 경제, 안보 곳곳에 덮인 베일을 벗겨냈다. 공공연한 비밀과 지금까지 간과되고 있던 위험을 세상에 드러낸 것이다. 국가 안보에서 방심했던 부분까지 수면 위로 떠올라 정치권과 국민은 당황하고 있다. 다시 말해, 코로나19가 전 세계를 휩쓸면서 의료품, 의료 기기, 생필품을 비롯해 장갑과 마스크 같은 개인용 의료 보호구 등 핵심 물품을 글로벌 공급망에 의존하고 있었던 현실, 취약한 국내 공급망supply chains(원재료를 획득하고, 이 원재료를 중간재나 최종재로 변환하고, 최종제품을 고객에게 유통하는 조직 및 비즈니스 프로세스의 네트워크-옮긴이)의 위험성이 강조되었다.

국가 안보의 일부가 된 공급망

안전용품의 낮은 국내 재고량과 원遠거리 및 단선적인 공급망은 미국의 국가 안보를 위협한다. 상대국과 지리적 거리가 멀수록 상품을 주문하고 받는 시간이 걸리기 때문이다. 특히 의료 기기와 개인용 의료 보호구의 경우 문제가 된다.

무역 리스크는 이미 미국의 국가 안보 문제이다. 특히 가공용 철강의 무역 리스크는 철강 및 알루미늄에 관한 미국의 무역확장법 232조U.S Section 232(외국산 수입 제품이 미국 국가 안보에 위협이 될 경우 긴급하게 수입을 제한할 수 있도록 한 법-옮긴이)를 추진시킨 아주 중요한 요소였다. 미국통상법 301조Section 301(무역상대국 정부의 불공정 무역관행에 대한 보복 조치를 규정한 미국의 법규-옮긴이) 관세 역시 미국의 지식 재산권에 대한 중국의 위협이 미국 국가 안보의 위험 요소임을 강조한다.

코로나19로 개인용 의료 보호구와 의료 기기들 역시 무역 논쟁의 핵심이 되었다. 이전에는 다소 경미하게 간주된 위험이 이제는 '국가 안보에 대한 위험'으로 초당적 합의가 이루어졌다. 민주당과 공화당 모두가 사회 질서를 유지하기 위해 금속 자재, 개인용 의료 보호구, 식료품, 위생용품이 얼마나 중요한지 공감대를 이뤘다. 그러나 상품의 이동 거리가 너무 멀어 빠른 배송이 어려운 지역에서는 안전한 공급망 유지가 본질적으로 어렵다.

계속해서 이 문제의 논의는 더욱 활발해질 것으로 보인다. 민주당과 공화당 의원들이 의료 기기, 개인용 의료 보호구, 식료품, 위생용품, 의약품 등 필수적인 품목의 공급망을 확보하기 위해 몸소 멀리 날아가는 모습이 빈번해질 것이다. 이러한 정치적 행보로 미국인들의 생명과 안전을 지키고 경제의 피해를 최소화하려는 노력을 보여야 한다.

미국이 코로나19 확산의 '그래프 누르기flatten the curve(감염자 수 그래프의 기울기를 줄이는 것으로 확산세를 둔화시키는 시도-옮긴이)'를 시도해야 하는 중요한 이유는 의사, 간호사, 병원, 산소 호흡기,

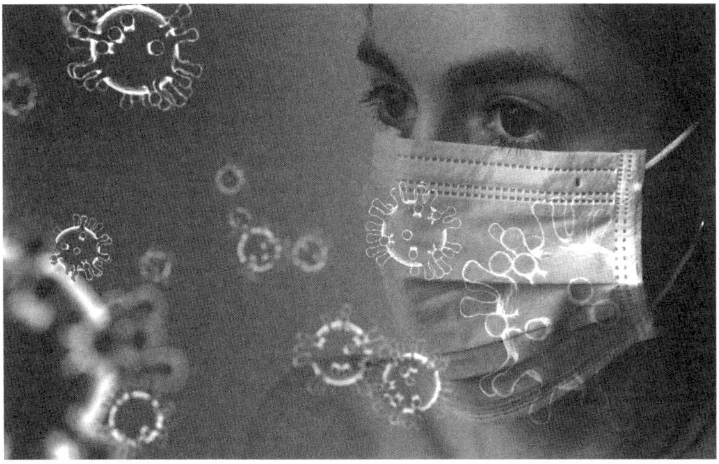

코로나19로 개인용 의료 보호구와 의료 기기들 역시 무역 논쟁의 핵심이 되었다.

의료용 장갑, 의료용 마스크 같은 의료 인력과 자원이 절대적으로 부족하기 때문이다. 이 같은 인력과 자원을 확보할 수만 있다면 미래에 경제를 보호하고 사람들의 생명을 구하는 일은 어렵지 않다.

지금은 중심을 잡아야 할 때

코로나19를 겪으면서 미국이 팬데믹 사태에 이용당할 위험이 드러났다. 만일 팬데믹 사태가 미국만을 겨냥하여 발생했다면 국가 안보에 심각한 위협이 되었을 것이고, 의료 시스템의 붕괴를 염려해 급한 불끄기에 적극적으로 나서지 않았다면 더 큰 위험을 초래했을 것이다. 또한 대중이 언론과 SNS의 메시지에 얼마나 취약한지, 여론이 얼마나 쉽게 사실과 무관한 주장으로 조작하는지 알았다. 이처럼 심리 공작과 증명되지 않은 사실을 무조건 받아들이는 경향은 또 다른 위험 요소이다.

만일 미국의 경쟁국이 전통 매체와 SNS로 심리전을 펼치며 공격에 나선다면 사회적 혼란과 정치적 불안, 경제 파괴는 심각해질 것이다. 단기효과라 할지라도 무서운 영향력을 보인다. 보이지 않는 여론의 파급력을 인정하고 절대 등한시해서 안 될 것이다.

따라서 미국은 국가 안보의 관점에서 기술, 보건, 의료, 식료품, 소비품, 여타 공급망 등을 더 강화해야 한다. 국가의 안정성을 최대한 보장해야 국민이 안심할 수 있다. 코로나19가 여실히 보여주지 않았는가? 전염병이 주는 재앙은 경제난의 재앙과는 비교 자체가 안 된다.

이러한 진단이 극단적으로 들릴 수도 있겠지만, 현재 유발된 실제 상황이 그렇다. 매장마다 식료품과 휴지가 동이 나고, 많은 미국인이 집에서 자가 격리되어 밖으로 나오지 못했다. 정책 면에서 미국 연준Fed은 잠재적으로 4조 달러를 추가해 대차대조표를 대폭 확장했다. 그리고 코로나경기부양법안CARES : Coronavirus Air, Relief, and Economic Security은 2조 3천억 달러 규모의 경기 부양 내용을 포함했다. 현재도 더 많은 경기 부양책이 추진 중이다. 팬데믹의 준비 미흡이 감당해야 할 대가가 얼마나 큰지 극명하게 보여주는 단면이다.

미국의 경제 붕괴를 막기 위해 쏟아부은 6조 달러에 비하면 인공호흡기, 마스크, 장갑을 좀 더 많이 생산하고 더 많은 의료진을 양성하는 비용은 극히 미미하다. 지금도 늦지 않았다. 미래를 대비하되 거시적 안목으로 접근해야 한다.

'NOISE' 프레임 워크

국가 안보 측면에서 코로나19 팬데믹이 매우 중요한 부분을 차지하고 있다. 이 점을 고려해 국가 안보와 정치적 안정에 필요한 요소들을 뽑아보았다. 평온한 일상에 코로나19가 소음noise과도 같은 존재가 되어버렸다는 점을 착안해 'NOISE' 프레임 워크라 이름을 붙였다

Necessities(필수품) : 식량, 물, 에너지, 주거지, 안전

Occupations(직업) : 일, 직업, 취미

Information(정보) : 정확하고 안전한 정보를 습득할 수 있는 것

System(시스템) : 금융, 보건, 대중교통, 교육

External(외부 요인) : 국제 관계, 군사, 공급망, 무역

첫 번째는 생존 필수품이다. 식량, 물, 에너지, 주거지, 안전이 포함된다. 이 필수품 없이는 사람들은 불안정한 위험에 노출된다. 필수적인 요소들이 안정되게 공급되면 한 국가나 경제는 급격한 동요 없이 일정하게 유지된다. 코로나19 팬데믹으로 대두된 문제가 안전과 식량에 관한 것이라는 사실을 기억하자. 따라서 전기나 수도와 같은 공익사업, 미국의 공급망, 사회 기본 서비스를 유지하는 일은 매우 중요하다.

두 번째로 직업이다. 사람은 일할 거리가 필요하다. 은퇴 후 정말 아무것도 하지 않고 지낼 수 있는가? 개별적으로 보면 물론

그럴 수도 있다. 하지만 국가 전체로 보면 사람들에게는 일, 직업, 취미가 필요하다. 뭐가 됐든지 일을 해야 한다.

"게으른 손은 악마의 작업장이다."

아무 일도 하지 않고 손이 놀고 있으면 그 틈을 타 나쁜 일을 도모한다는 말이다. 사람들은 코로나19로 인해 '자가 격리'의 상황에 놓였다. 이런 상황 속에서도 일부 사람들은 여전히 일했으며 많은 이들은 일자리를 걱정했다. 사람들에게는 희망이 필요하다. 당장은 일할 수 없더라도 팬데믹이 끝나면 직장을 구할 수 있다는 믿음을 가질 수 있어야 한다. 그러나 코로나19 신규 확진자가 증가하며 입원 환자가 늘고 정부 보조금이 바닥나면서 이런 기대감은 무너지고 있다. 대안과 대책이 시급하다.

안정을 위한 세 번째 요소는 정보이다. 의견이 아닌 '확실한 정보'야말로 질서를 유지하고, 불안을 잠재우며, 사람들의 관심이 한쪽으로 쏠리지 않게 한다. 정확하고 완전한 정보여야 한다. 허위 정보, 왜곡된 정보, 심리 공작, 사실처럼 포장된 의견, 객관적인 사실이 아닌 주관적인 해석 등은 갈등을 조장하고 불안 심리를 자극해 문제를 일으킨다. 객관적이고 정확한 정보가 이성적 판단을 돕는다.

네 번째 요소는 시스템이다. 국가 안보는 금융, 보건, 대중교통, 교육을 포함해 많은 중요한 시스템들이 적절히 작동해야 보장된다. 코로나19 팬데믹은 이 모든 시스템에 타격을 입히고 정상적인 작동을 어렵게 했다. 철벽같던 시스템이 무너지는 모습에 국민은 위기감을 느꼈다. 안일하게 대처하지 말고 적극적으로 시스템을 보완할 제도를 마련해야 한다.

마지막으로 국가 안보의 안정성을 위해 외부 요인도 중요하다. 국제 관계, 해외 파병 및 작전 수행, 글로벌 공급망, 무역 등이다. 다행히 코로나19 팬데믹의 여파가 국제 관계와 군사 안보와 같은 핵심 요소들은 빗겨 갔다. 하지만 글로벌 공급망과 무역은 직격탄을 맞았다.

NOISE 프레임 워크를 살펴보면 국가 안보와 정치적 안정성을 지탱하는 요소들이 코로나19 팬데믹으로 크고 작은 영향을 받고 있음을 알 수 있다. 이러한 위험성은 일련의 조치들을 정당화했다. 연준은 주식 시장을 지탱하기 위해 극단적 조치를 내놓았고, 연방정부도 일자리 보존을 위해 2조 3천억 달러의 코로나 경기 부양 법안을 통과시켰다. 백악관과 행정부의 참모진은 일일 브리핑을 주관하고 정보를 공유하고 있다. 의료 기기, 의료 장비, 의약품, 개인용 의료 보호구의 공급망 규제와 법률이 향후 변할 수 있다는 예측도 나온다.

코로나19 팬데믹은 미국의 국가 안보를 벼랑 끝으로 몰아세웠다. 하지만 행정부와 정치인들의 신속한 조치 덕분에 지금까지 현상 유지가 가능했다. 문제는 위험 요인들이 코로나19 이후에도 되풀이된다는 사실이다. 따라서 위험에 미리 대비하는 자세가 중요하다. 팬데믹이 다시 찾아왔을 때, 그때는 우연한 사고가 아니기 때문이다.

제조업과 국가 안보

팬데믹으로 국가 안보 분야 공급업체의 업무가 중단될 가능성이 있다. 비행기 제조사나 비행기 부품 제조 회사처럼 국가 안보 목적으로 제품을 생산하는 업체는 항공편 감소로 경제와 기업

코로나19 팬데믹은 미국의 국가 안보를 벼랑 끝으로 몰아세웠다.

사정이 악화되면서 큰 타격을 입었다. 이는 코로나19 팬데믹이 가져온 2차적 여파이지만 국가 안보 면에서는 1차적이고 아주 중요한 이슈이다. 향후 국가 안보 기관은 핵심 공급업체들의 경제 및 기업 리스크를 보다 적극적으로 모니터링할 필요가 있다. 방위산업에 필수 자재를 공급하는 스타트업부터 완성품을 납품하는 상장된 대형 업체들에 이르기까지 모두 마찬가지이다.

정부가 앞으로 이러한 위험에 어떻게 대처하느냐는 논쟁의 여지가 있다. 현재는 좌충우돌하고 시행착오를 일으키는 등 혼란스럽다. 이 와중에 한 가지는 분명해졌다. 거대 안보 기업들이 무너지지 않는 것은 '대기업'이어서가 아니라 국가 안보에서 너무나 '중요한 역할'을 담당하고 있기 때문이라는 점이다.

국가 안보에 대한 4가지 시나리오

코로나19 팬데믹의 여파가 국가 안보에 얼마나 큰 영향을 미치는 걸까? 미국 국방부의 전략적 판단을 돕기 위해 나는 미국 'AFWIC' 공군 부대를 위한 4가지 시나리오를 제시했다. 내가 제시한 시나리오는 2020년 6월에 발표된 국방부 공개 보고서의 일부가 되었다.

이 시나리오의 결정적인 요소 중 하나는 중국과 미국 사이의 국제 관계가 미래에 어떻게 변화될 것인가, 이들의 관계는 글로벌 공급망, 세계 경제, 패권 경쟁에 어떤 파급 효과를 가져올 것인가 하는 점이다. 다음은 국방부가 제시한 공개 보고서의 전문을 볼 수 있는 사이트이다.

https://url.kr/hcpva4

이 시나리오들은 국가 안보, 무역, 공급망이 코로나19로 어떤 영향을 받게 될지에 주목한다. 국방부 보고서보다 이 장에 더 많은 이야기가 담겨 있다. 어떤 시나리오와 미래가 가장 가능성 있을지, 가장 가능성이 적은지 논의해보자.

가능성 있는 시나리오 A : 할리우드식 해피엔딩

미국과 중국의 강대국 패권 경쟁이 많이 완화된다. 양국 간의 경쟁이 과학 연구, 공급망, 백신 개발을 포함하여 다양한 분야에서 국제 평화와 협력을 위하여 유보된다. 초기 코로나19 관련 데이터의 불투명성, 장기적인 국제 경쟁, 아시아에 대한 경제적·정치적·군사적 헤게모니와 같은 우려 사항들이 사라지는 것이다.

수십 년간 지속해온 추세와 코로나19 전염병 시대에 높아진 우려를 감안하면 현재 미·중 관계가 완전히 탈바꿈되어야 가능한 일이다. 또한, 2020년 7월 이후의 상황으로 볼 때 실현될 가능성이 가장 낮은 시나리오이다.

가능성 있는 시나리오 B : 무역 전쟁 데탕트(국가 간의 긴장 완화, 관계 개선-옮긴이)

2019년 말 미·중 무역 전쟁이 종식되리라는 희망이 있었다. 코로나19 팬데믹을 계기로 그 희망이 다시금 되살아난다. 일부 무역 규제는 그대로 남아 있지만, 일부는 완화가 된다. 향후 추가적으로 무역 규제가 있더라도, 그 규제의 정도가 상당히 제한적일 수 있다.

경제 분야를 놓고 '경쟁'해야 한다는 의식보다는 함께 '공생'해야 한다는 의식이 나타난다. 여기에는 경쟁 상대에 대한 언론플레이를 줄인다는 전제조건이 필요하다.

이 시나리오는 기술 강제 이전, 안전한 공급망의 확보, 남중국해South China Sea에서 발생한 군사적 충돌 및 영향력 행사로 생긴 국가 안보 관련 우려가 줄어야 실현된다. 시나리오 A보다는 실현 가능성이 크지만, 이 또한 시나리오 C보다는 가능성이 덜해 보인다.

가능성 있는 시나리오 C : 최고의 친구이자 적

미국과 중국 간의 경쟁이 분기마다, 해마다, 수년에 걸쳐 고조되었다. 이제 미·중 무역 전쟁은 가속 국면에 접어든다. 무역 확장법 232조, 무역 통상법 301조의 무역 규제는 의료 기기와 원

자재에 대한 추가적인 관세가 부과되어 더 심화된다.

미국과 신북미무역협정USMCA : United States-Mexico-Canada Agreement(미국·멕시코·캐나다 협정-옮긴이) 지역에서 공급되는 물품을 우선적으로 소비한다. 이렇게 상황이 전개될 때 중국 입장에서는 가만히 있어도 무역 제한을 받는다. 미국은 경제 GDP의 한 축을 제조업이 담당하면서 성장한다. 그러나 제조업 관련 일자리가 많이 창출되지는 않는다. 로봇이 그 일을 감당하기 때문이다.

일부 기술 회사와 상위 기업들은 미국과 중국에 서비스를 제공하기 위해 공급망을 투 트랙으로 시행할 수밖에 없다. 따라서 워싱턴과 베이징은 협력과 경쟁에 얽혀 있는 불편한 관계를 띠게 된다. 공생과 경쟁의 고리로 묶인 한 쌍이다.

이것은 내가 현재 가장 실현될 가능성이 높다고 보는 시나리오이다. 그러나 상황이 더 악화되는 쪽으로 흐를 수 있다. 현시점에서 그 이유가 생겨나고 있기도 하다.

가능성 있는 시나리오 D : 대리전으로 향하는가?

코로나19로 미국과 중국의 관계는 즉각적이면서 직접적인 갈등이라는 좋지 않은 결과를 낳는다. 의료 기기 공급망, 코로나19 관련 자료들이 세상에 알려지게 되며, 미국 의회가 이와 관련한 조사를 시행한다. 이로 인해 미국은 중국에 상당한 무역 규제를 가하며, 중국의 지정학적인 점유에 반격을 감행한다.

나토와 UN과 같은 초국가적인 기구들이 그 분쟁에 휘말린다. 위협을 느낀 중국 정부는 자신들을 위한 지지층을 강화하기 위해 코로나19로부터 고통받는 나라에서 전략적인 게임을 실행한다. 허위 정보 유포, 소프트파워 정책 외교, 돈이 필요한 국가에 직접적인 자금 지원을 가속화해 자신의 우군으로 만든다. 그 결과 대리전은 불가피하다. 중국과 미국을 대리한 국가 간 갈등은 심화될 것이다. 특히 무장된 갈등은 큰 우려를 낳는다.

많은 아시아 국가가 이 대리전에 휘말릴 수 있다. 그중 가장 큰 위험성을 띠는 대리전은 인도에서의 대리전이다. 인도가 큰 나라이기 때문만은 아니다. 이질적인 언어, 민족, 종교적인 구성으로 볼 때, 이념 면에서 그리고 사회 구조적인 면에서 보이지 않는 갈등이 늘 존재하는 곳이기 때문이다.

시나리오를 다시 살펴보며

2020년 7월 시점에서 미래에 가장 실현될 가능성이 큰 시나리오는 시나리오 C인 듯하다. 그러나 미래에 대한 예측이나 위험 요소는 빠르게 바뀔 수 있다. 코로나19 팬데믹만 보더라도 그렇지 않은가.

사실, 내가 예상한 가장 끔찍한 시나리오보다 다가오는 미래의 실상은 더 심각할 수 있다. 그리고 내가 예상한 낙관적인 시나리오가 미래 현실에서 더 긍정적일 수도 있다. 미래란 종잡을 수 없는 추상적 개념이다. 여기에 제시한 각기 다른 4가지의 미래 시나리오 또한 가능성 있는 예측에 불과하다.

다시 새겨보는 NOISE 프레임 워크

국가 안보의 위험을 최소화시키는 NOISE 프레임 워크의 요소를 조절하고 지원하는 것이 중요하다. 국가 '안정'의 기본적인 구성 요소들이기 때문이다. 아이러니하게도 그 요소들은 확고히 충족되지 않는다면 위험 요소로 돌변한다. 국민을 위험에 몰아넣고 국가의 존립을 위태롭게 한다. NOISE 요소들이 안정적으로 충족될 때라야 국가 안보와 사회에 미치는 위험이 최소화할 수 있다.

CHAPTER 28

미래 경제 시나리오

미국 경제의 낙관적인 전망과 시나리오를 기대하기란 어려울 듯하다. 들어가기에 앞서 몇 가지 주요 사항들을 검토해보자.

- 재정 정책은 한계에 다다랐다. 이전에는 국가 부채가 1조 달러에 달하기까지 205년이 걸렸지만, 현재는 한 달이면 충분하다. 매달 1조 달러가 늘어나는 상황이 몇 달간 계속되었다.
- 통화 정책이 한계에 다다랐다. 금리는 제로에 가깝고 대차대조표는 빵빵하게 부푼 풍선처럼 확대되어 있다. 지난 7개월 동안 확대된 대차대조표 크기는 글로벌 경제 위기 이전 전체 대차대조표 크기와 비교했을 때 3배 정도 늘어났다.

- 미국 재정 지원에 사용된 단기 공채만 200조 달러로 추산된다. 수백만 명의 사람들이 소득의 상당 부분, 혹은 모든 소득을 정부 지원에 의존한다.
- 고용 시장이 매우 어려운 처지에 놓여 있다. 2020년 17주 동안 많은 사람이 일자리를 잃었고 실업 수당을 신청했다. 그 수치가 무려 미국 경제에서 최악의 해라 불리는 1933년 대공황 당시 전체 노동 인구 수와 맞먹는다.

이러한 역학 관계 이외에도 많은 산업이 중대한 위협에 직면해 있다. 이는 2020년 4월에 출간된 《코로나 이후의 세계The Future After COVID》에서 논의한 주제이다. 위험에 처한 산업 분야로 상업용 부동산, 여행, 관광, 레저, 백화점, 자동차 등이 포함된다. 많은 사람이 집과 일터가 떨어진 생활을 계속한다면, 석유조차 수요가 극감할 수 있다.

더군다나 미국 경제의 70%가 소비에 좌우된다. 그런데 2020년 7월 둘째 주에 집계된 연속실업 수당 신청continued jobless claims 건수는 글로벌 경제 위기 당시, 가장 최악의 한 주(2009년 5월 30일) 동안 집계된 건수와 비교했을 때 2.4배 이상 많았다.[1] 이러한 데이터 수치는 상당히 불길한 신호다.

신흥 시장emerging market(자본 시장 부문에서 새로이 급성장하고 있는 국가들의 시장-옮긴이)에 대한 전망은 선진국advanced economies보다 밝다. 그리고 제조업에 대한 전망, 특히 비내구재nondurables(주로 1년 미만 사용되는 상품으로 음식료품, 의약품, 화장품, 서적 및 문구, 차량 연료 등이 해당됨-옮긴이) 분야의 전망 역시 서비스 분야보다 훨씬 더 밝다. 그러나 부동산 위기가 발생할 위험은 여전히 남아 있다.

기본 시나리오 : 간신히 명맥 유지

이 시나리오에서 기대할 경제 상황은 다음과 같다. 노동 시장과 GDP 수치 전반에 서서히 회복의 바람이 불기 시작한다. 미국 GDP 수치가 2019년 4분기 수준으로 회복되기까지 2020년 2/4분기를 기준으로 2년 정도 예상된다. 실업률 자체만 봤을 때는 실업 정도가 그렇게 심각해보이지 않는다. 그러나 여전히 높은 수준을 유지할 확률이 높다. 실업 수당 신청을 예의 주시해야 한다. 팬데믹으로 경제가 안정적이지 않은 사람들이 실업 수당 청구를 간헐적으로 할 가능성이 높기 때문이다. 현재 부채 수준이 높은 데도 연방 정부의 지출은 앞으로 더 커질 것이다. 연준 역시 훨씬 더 많은 지방채municipal debt를 매입해야 한다.

임금 보조금, 재난 지원금, 주택담보대출 채무이행 보류, 퇴거 조치의 유보 등이 끝이 날 것이다. 그렇게 되면 부동산 시장이 피바다가 될 수도 있다. 특히 관광객 중심 지역과 인구 밀도가 높은 지역이 그렇다.

전자상거래, 온라인 교육, 재택 근무뿐 아니라 계속해서 강조되는 사회적 거리 두기, 외출 자제, 마스크 착용 생활화, 백신 접종으로 코로나19를 막아낸다.

물론 코로나19를 어떻게든 막아낸 일부 국가, 혹은 신흥 시장의 전망은 훨씬 핑크빛이다. 장기적인 추세로 봤을 때 신흥 중산층과 제조업이 성장할 것으로 전망된다. 이런 점은 수입 상품의 수요 및 공산품 가격이 극단적으로 변동되지 않도록 뒷받침할 수 있다.

그러나 여전히 금융 시장은 혼란스러울 것이다. 전반적으로 선진국의 빚은 증가하고 중앙은행의 대차대조표는 거듭 확대되면서, 자산 등급과 금융 체계를 무너뜨리는 위험 요소가 증가할 것으로 보인다.

위험 요소가 크더라도 '기본 시나리오'는 다음과 같이 전개된다. 정부는 경기회복을 위해 단기국채를 발행하고 중앙은행은 정부가 발행한 단기국채를 사들인다. '단기'국채이기에 단시간 내에 만기가 도래하여 대차대조표에서 빠르게 삭제된다. 이는 마치 대차대조표상에 없었던 것처럼 속임수를 쓰는 것과 같다. '훔친 차로 미친 듯이 도로 위를 달리는 모양새'다. 이는 미국만의 이야기가 아니다.

긍정적 시나리오 : 아메리칸 드림

이번 상승 시나리오에서는 사람들이 비대면 환경에 빠르게 적응하여 업무에 복귀한다. GDP가 2021년 후반이면 2019년 말 경제 수준으로 회복되면서 미국 경제는 순조롭게 돌아간다. 고용 시장의 경우, 2021년 후반까지 실업률이 6% 아래로 다시 내려가니 그리 나쁘지 않다.

빠른 경제 회복과 높은 유동성 때문에, 미국 경제는 전에 없이 더 강하게 부상한다. 물론 중앙은행이 화폐를 계속 발행해 경기를 부양시키는 마법 같은 일은 말이 되지 않는다. 그러나 아무도 그 과정을 알 수 없다. 단지 돈을 계속 찍어낼 뿐이다.

넘쳐나는 물품들과 효율적인 전자상거래 시스템 및 공급망이 더해져 소모품의 가격은 매우 낮다. 반면 자산 인플레이션asset inflation(저금리로 돈이 자산 시장으로 흘러들면서 자산 가격이 계속 오르는 현상-옮긴이)이 미국의 부를 상당히 지탱한다. 수혜를 입은 미국 경제는 모든 것이 '정상'으로 돌아온다. 아니 그 이상이다!

역사적으로 차별받았던 인종과 민족은 폭넓은 지원을 받는다. 평화적으로 시스템이 변화되면서 기회는 많은 이들에게 공평하게 주어진다. 취업, 학벌, 재산, 주택 소유 부문에서 평등을 만들어내는 밑거름이 된다.

전 세계적으로 경제는 국제통화기금IMF의 예상보다 더 빠른 속도로 회복된다. 이러한 회복세는 아시아, 아프리카, 중남미 지역 신흥국가들의 중산층 성장을 지속적으로 뒷받침한다. 게다가 미국 금융 시장에서 창출되는 부가 신흥경제국가로 퍼져 전 세계 주식 시장과 세계 GDP를 훨씬 더 높은 수준으로 끌어올린다.

부정적 시나리오 : 한바탕 크게 데인 미국

부동산 위기가 닥치면서 미국의 GDP가 급감한다. 이로 인해 미국은 더블딥double-dip(경기 침체 후 회복기에 접어들다가 다시 침체에 빠지는 이중 침체 현상-옮긴이) 경제 불황에 빠지게 된다. 재정 정책과 통화 정책을 대규모로 내놓았음에도 불구하고 경제가 불황으로부터 탈출 속도를 내지 못하자, 주식 시장에 불안감이 맴돈다.

GDP는 떨어질 대로 떨어져서, 대공황 이후 전에 없는 경기 침체가 찾아와 모든 분야에서 회복되기까지 수년이 걸린다. 노동 시장은 1, 2년이 넘는 기간 동안 비극적일 정도로 높은 실업률에 갇혀 있다.

실업률이 코로나19 이전 수준으로 돌아가는 데 통틀어 10년 이상이 걸린다. 그 사이에 이전부터 존재했던 인종차별이나 인종 간 불평등 문제는 더 갈피를 못 잡고 심각해진다. 겉으로 드러나지 않게, 이는 곧 불안정한 정치 상황을 초래하고 사회 전반에 걸쳐 불안감을 조성하여 때로는 상당히 폭력적인 반발로 이어진다.

취업률 감소를 비롯하여 다음 두 가지 상황에 정부 예산이 부담된다. 하나는 장기적으로 지급되는 실업 급여에 의한 기록적인 대규모 지출이고, 다른 하나는 모든 분야에서 감소된 조세 수입tax revenues이다.

소득세가 수년 동안 감소하여 사회 보장 제도는 예상보다 훨씬 빨리 지불 불능 상태에 빠진다. 2030년 안에, 아니면 그보다 더 가까운 미래에 다가올 수 있다.

이러한 리스크에 대처하기 위해, 연준Fed은 신속하게 대차대조표를 확대하여 미국 정부가 발행한 부채를 더 많이 매입한다. 재정난에 허덕이는 주state, 카운티county, 시티city가 발행한 지방채와 모기지 채권을 좀 더 수용하기 위해 양적 완화quantitative easing(중앙은행에서 신규로 대량의 화폐를 공급하는 것-옮긴이) 프로그램을 가속화한다.

금리는 마이너스가 된다. 일부 주택담보대출 금리 역시 마이너스까지 떨어진다. 주택 가격은 마이너스 금리와 연준의 채권 매입에 의해 인위적으로 지탱된다. 자산 인플레이션asset inflation이 금, 은 등 귀금속 가격을 투자자들의 마지막 안식처로서 전에 없이 더 높인다.

국채가 40조 달러에 육박하면서 연준의 대차대조표 역시 20

조 달러에 육박하게 된다. 더불어 미국 정부의 채무불이행 위험도가 높아져만 간다. 소비 진작을 위한 갖은 노력에도 불구하고 소비 위축에 직면하여 소비자 물가 상승이 비교적 낮은 상태로 있다. 선진국에 자산 거품이 발생하여 확산된다. 이로 인해 시스템이 지속 불가능해지는 위험 요소가 가중된다.

한편, 연준이 세계 경제의 마지막 구원투수가 되어 신흥 시장이 초기에 코로나19 팬데믹과 불황으로부터 강한 회복세를 보임에도, 달러 혹은 미국 주식 등이 안전 자산 선호flight to quality(위험이 낮은 자산으로의 투자 집중 현상-옮긴이)의 대상이 되면 전 세계 경제는 약세를 보인다.

신흥 시장은 기축 통화국들과 같이 돈을 찍어내서 그들의 부채를 사들이지 못하므로 자금난을 겪는다. 이러한 불리한 점은 신흥 시장을 슬럼프에 빠지게 만든다. 신흥국 중산층의 성장과 발전을 둔화시켜 결과적으로 전 세계 제조업이 침체기를 맞는다. 또한 내구재durable goods(내구성을 가지고 장기 사용에 견딜 수 있는 재화를 의미하며 주택·기계·장치·공장 건물 등이 이에 해당됨-옮긴이) 수요에 적절히 발맞추지 못한다.

심지어 더 나쁜 경제 역학 관계가 뒤따를 수 있다. 세계 불안정과 권력 공백이 생겨 루소Rousseau가 주창했던 '자유, 민권, 평등'

과 같은 요소들을 악화시킨다. 그로 인해 다른 차원으로 패권 경쟁이 심화되며 종국에는 광범위한 대리전쟁으로까지 치닫게 된다.

여기서 끝이 아니다

지금까지 언급한 일부 위험 요소만으로도 미국 경제는 불안하다. 예상보다 더 심각할 수도 있겠고 더 나을 수도 있을 것이다. 정치적 변동성과 경제적 불확실성이 높은 수준임에도 정부는 2021년에 적자 지출을 면치 못한다. 이로 인해 경제와 고용 시장을 가능한 빨리 회복시키려고 자금을 투여할 것이다, 심각한 경제 상황이 발생하는 것을 막고자 출혈을 감안한 정책을 펼칠 것으로 예상되기 때문이다.

CHAPTER 29

자동화 및 로봇의 미래

코로나19 팬데믹 이후 로봇과 자동화는 각광의 대상이면서 경계의 대상이 된다. '자동화'는 불확실성과 혼란이 난무하는 시기에 미국의 공급망supply chain을 유지시킨 중요한 요인 중 하나이다. 그러나 실업률이 현저히 높아짐에 따라 자동화 논쟁은 앞으로 분기마다, 그리고 수년 동안 해결하기 난감한 정치적 화두로 떠오를 것이다. 27장에서 국가 안정성을 유지하기 위해 'NOISE 프레임 워크'가 중요한 부분을 차지한다는 사실을 상기하면 사람들에게는 자신을 위한 직업이 필요하다.

코로나19 이후 자동화는 확대될 것인가

코로나19 팬데믹과 경제 폐쇄 이후 시기에는 식품 및 농업 분야, 물류·배송 분야를 비롯하여 자동화하려는 시도들이 더 많아진다. 이런 시도는 코로나19가 언제까지 지속할지 모르는 상황에서, 전염병 감염을 예방하고 사회적 거리 두기를 유지하고 싶은 사람들의 바람이 투영된 결과이다. 그러나 필요 이상으로 과하게 자동화될 가능성이 있다. 이로 인해 한동안 실업률이 예외적으로 높게 유지된다.

일자리와 로봇 사이의 긴장감

로봇과 자동화로 제기된 일자리 위협 문제는 미국의 실업률이 50년 만에 3.5%라는 최저치를 기록했던 2020년 초까지만 해도 크게 걱정할 주제가 아니었다. 그러나 현재 코로나19 팬데믹, 경제 폐쇄, 경기 불황의 여파로 노동 시장 전망은 훨씬 더 심각해졌다. 앞으로 이 전망이 수년 동안 계속될 수도 있다.

높은 실업률은 미래에 닥칠 위험을 충분히 예상하게 한다. 자동화와 로봇의 도입은 사람들이 일할 기회를 빼앗는다. 이로 인해 자동화 및 로봇 관련 기술과 실업자 사이에서 정치적인 긴장과 갈등이 증가한다. 이 예측은 충분히 설득력이 있다.

로봇에 부과하는 급여세

최근 몇 년간 정치권의 뜨거운 감자 중 하나는 노동 시장 내 로봇에 관한 논의였다. 특히 로봇에게 급여세를 부과하느냐 마느냐를 놓고 열띤 논의가 이뤄지고 있다. 사실, 이에 대해 빌 게이츠Bill Gates를 비롯한 많은 재계 지도자들은 지지의 목소리를 높이고 있다.

이 논의는 한동안 잠잠했지만 정부가 증가하는 부채를 상환하기 위해, 혹은 파산에 가까워진 정부 재정 지원시스템을 회복시키기 위해 새로운 조세 수입을 찾으면서 로봇 급여세는 다시금 많은 관심을 얻는다. 코로나19 걱정이 어느 정도 사그라지면 로봇 관련 주제는 정치적으로 중대한 이슈가 될 수 있다. 팬데믹이 정점을 찍고 지나간 이후에도 여전히 고용 시장은 취약한 상태일 수 있기 때문이다.

실업률은 올라가기는 해도 떨어지기는 힘든 경향이 있다. 실업을 경험한 대중의 눈에는 기술이 장애물처럼 보일 수 있다. 취업이나 직업, 금융의 회복에 있어 기술이 인간의 경제적 활동을 저해하는 요소임은 틀림없다.

코로나19 팬데믹과 경제 폐쇄 이후, 재택 근무 역시 실직의 위험을 한층 높일 수 있다. 물리적으로 멀리 떨어져 있는 근무자가

하던 업무를 자동화로 대체할 가능성이 있다. 중기적인 관점에서 본다면 이는 정치권에서 무르익은 기술 관련 논의들에 심각한 긴장감을 더하게 된다.

로봇 및 자동화에 대한 저항

로봇 공학과 자동화에 대항하는 반발은 차츰 정치적 이슈로 떠오른다. 그러나 전 세계적으로 글로벌 차원에서 다루어질 이슈는 아니다. 각국의 정치 사회 문제로 접근하여 미래 경제, 노동력을 공공 담론화하여 더욱 긴장감을 불어넣을 것이다. 중국같이 로봇과 자동화의 사용을 급속하게 확대하는 일부 국가는 예외일 수 있다. 그러나 미국은 다르다. 향후 10년, 혹은 그 이후까

코로나19 팬데믹 이후 로봇과 자동화는 각광의 대상이면서 경계의 대상이 된다.

지 실업자와 로봇 간에 맴도는 긴장은 정치 세계에서 매우 중대하게 논의되어야 한다.

그로 인해 미국에서는 로봇에 대한 강박관념이 생길 수 있다. '로봇으로 대체해야 하는데'라는 집착이 생길 수 있다는 의미이다. 이것은 마를렌 디트리히Marlene Dietrich의 섹시 스타 이미지와 비슷하다. 이미지가 한번 굳어지면 그 이미지에 집착하는 경향과 비슷한 맥락이다.

반면 미국과는 달리 세계 다른 일부 나라들에서 '로봇'은 이미 현실적인 존재로 인식되는 듯하다.

과소평가는 위험하다

로봇과 자동화에 대한 반발이 가져오는 정치적 압박을 과소평가해서는 안 된다.

경제적 기회가 부족할 때, 특히 경제에 재앙이 닥쳐 그 여파로 대중들이 느끼는 박탈감이 더욱 커질 때 정치적인 시위와 저항이 발생한다. 대중이 '기회'에 대한 위협을 느꼈을 때 폭력적으로 대항할 수 있다. 코로나19의 여파로 대중이 생각하는 '위협'이 점점 더 기술, 로봇, 자동화, 인공지능, 그 외의 것으로 인식될 수 있다. 그러나 기술에 대한 반발은 미국의 생산성 향상과 경제가 성장할 기회를 막는다. 21세기형 러다이트(영국의 산업혁명 당시 실직을 염려하여 기계 파괴 운동을 일으킨 직공단, 또는 기계화·자동화에 반대하는 사람을 일컫기도 함-옮긴이) 운동이 이 사회에 뿌리내리거나 미국의 주요 정당 중 하나가 이러한 반발 세력을 끌어들인다면 더욱 그러할 것이다.

실이 될 것인가, 득이 될 것인가

현재, 자동화와 로봇은 우리 사회의 요원한 경제 성장과 생산성 향상을 보장하는 중요한 부분이다. 그러나 중기적으로 봤을 때 사람들이 가질 수 있는 직업이 충분하지 않아 NOISE 프레임 워크가 위협을 받는다면, 사회를 지탱하는 시스템에 문제가 발생한다. 특히 로봇과 자동화가 NOISE 프레임 워크의 기본 단계에 악영향을 준다고 인식될 때나 소득이 불안정하여 먹고사는 문제에 어려움이 생길 때 그 위험은 더욱 커진다.

epilogue

저항과 혁명을 부르는 경제

세상은 계속해서 진화한다. 그 속에서 발 빠른 움직임을 보이는 분야들이 있다. 이 책에서 제시하는 분석과 시나리오가 불확실한 미래를 계획할 때 도움이 되기를 진심으로 바란다. 과거에 발생했던 저항과 혁명 중 일부는 현재에 이르러서도 메아리치고 있다. 과거의 사건은 앞으로 나타날 수 있는 위험한 조짐을 엿볼 수 있게 한다. 코로나19 이후의 세계를 찬찬히 살펴보면 장밋빛을 기대했던 국가 안보, 경제, 정치, 기술에 위험한 면이 있음을 깨달을 수 있다. 바꿔 말해 우리는 앞으로 큰 난제들에 직면하게 된다는 뜻이다.

이미 미래에 나타날 불안정한 상황들이 예견되고 있다. 향후 수년 동안 많이 약화된 고용 시장을 보게 될 수 있다. 그뿐만 아니라 부채에 대한 이자 부담 및 파산에 가까워진 정부 재정 지원 프로그램으로 경제 성장이 발목 잡힐 수 있다. 게다가 중앙은행의 대차대조표가 마치 풍선처럼 확대되면서, 높은 부채 수준과 더불어 선택할 수 있는 통화 정책 카드가 줄어든다. 그로 인해 재정 정책은 한계에 부딪힐 수밖에 없다. 더욱이 정치적 양극화가 지속해서 심화될 것이다. 강대국 간 패권 전쟁으로 국경을 초월해 강력한 힘을 발휘하는 여러 정체성의 조직들이 사이버 공간에 포진해 갈등을 부추긴다. 또한, 로봇과 자동화는 대중으로부터 정치적인 반발을 끌어낼 위험이 매우 크다.

추가적으로 알고 싶다면

여러분이 이 책을 읽고 불투명한 미래에 대비해 전략적으로 계획을 세우고 싶다면 퓨처리스트 인스티튜트The Futurist Institute의

공인된 미래학자 및 장기분석가 훈련 과정을 이수하라. 이 프로그램에서는 트렌드, 기술의 위험, 기회의 장기적 전략 계획을 다룬다.

이 훈련 과정은 여섯 가지 뚜렷한 전문 트랙을 가지고 있다. 컨설팅, 국가 안보, 재정 계획, 회계, 법률, 표준전문가이다. 국제공인재무설계사위원회Certified Financial Planner Board of Standards를 이 분야 교육 제공자로서 인정했다. 장기분석가와 퓨처리스트 인스티튜트에 관한 자세한 내용은 다음 사이트에서 확인할 수 있다.

www.futuristinstitute.org

여러분의 다음 단계

우리의 경제와 사회는 현재 많은 위험성과 불확실성에 노출되어 있다. 이 책을 읽음으로써 앞으로 다가올 미래 시나리오를 고찰했다. 미래를 준비하는 첫발을 내디딘 것이다. 미래에 대한 계획을 수립하는 데 더 유리한 위치에 서게 됐다. 하지만 다가올 많은 역학 관계를 개인이 변화시키기엔 무리이다. 차분하게 부정적인 위험 요소를 최소화하도록 스스로 준비하자. 이후 좋은 날에 있을 긍정적인 면을 바라보며 미래를 계획하길 바란다.

마지막으로 경제적, 정치적, 사회적 불확실성이 큰 이 시기를 잘 헤쳐나가기를 진심으로 소망한다. 행운이 있기를, 항상 안전하기를 기원한다!

주

CHAPTER 2

1 Fliesler, Nancy. (12 June 2020). "Getting to a COVID-19 vaccine as fast and as safely as possible." Boston Children's Hospital. Retrieved on 24 July 2020 from: https://discoveries.childrenshospital.org/covid-19-vaccine/. See also Bienkov, Adam. (25 April 2020). "Scientists fear the hunt for a coronavirus vaccine will fail and we will all have to live with the 'constant threat' of COVID-19." Business Insider. Retrieved on 24 July 2020 from: https://www.businessinsider.com/coronavirus-vaccine-may-be-impossible-to-produce-scientists-covid-2020-4.

2 "Vaccine Effectiveness: How Well Do the Flu Vaccines Work?" Centers for Disease Control and Prevention. Retrieved on 22 July 2020 from: https://www.cdc.gov/flu/vaccines-work/vaccineeffect.htm.

CHAPTER 7

1 Berger, Helge, and Spoerer, Mark. (June 2001). "Economic Crises and the European Revolutions of 1848." The Journal of Economic History. Vol. 61, No. 2. Pp. 293-326 (34 pages). Page 293. Published by: Cambridge University Press on behalf of the Economic History Association.

CHAPTER 8

1 University of Bristol History Department. "Domestic Origins of the Boxer Uprising: Natural Disaster and Government Influence." Retrieved on 24 July 2020: http://www.bris.ac.uk/Depts/History/Projects/Boxers/domorig.htm.

CHAPTER 9

1 Trotsky, Leon (2016). 1905. Translated by Bostock, Anya. Chicago: Haymarket Books. Pp. 21,31.

CHAPTER 10

1 Caplan, Bryan. "Lenin and the First Communist Revolution." Department of Economics, George Mason University. Retrieved on 24 July 2020 from: https://econfaculty.gmu.edu/bcaplan/museum/his1e.htm.

CHAPTER 14

1 U.S. Bureau of Economic Analysis, Real Gross Domestic Product [GDPC1], retrieved from FRED, Federal Reserve Bank of St. Louis; https://fred.stlouisfed.org/series/GDPC1, July 24, 2020.

2 U.S. Bureau of Labor Statistics, Unemployment Rate [UNRATE], retrieved from FRED, Federal Reserve Bank of St. Louis; https://fred.stlouisfed.org/series/UNRATE, July 24, 2020.

CHAPTER 18

1 Desjardins, Jeff. (12 September 2017). "Venezuela was once twelve times richer than China. What happened?" World Economic Forum. https://www.weforum.org/agenda/2017/09/venezuela-was-once-twelve-times-richer-than-china-what-happened.

CHAPTER 19

1 Ellis, Sam. (17 July 2017). "The Middle East's cold war, explained." Vox. Retrieved on 24 July 2020 from: https://www.vox.com/videos/2017/7/17/15983638/iran-middle-east-saudi-war-explained.

CHAPTER 21

1 "Labor Force, Employment and Unemployment, 1929-39: Estimating Methods." U.S. Bureau of Labor Statistics, Retrieved on 22 July 2020 from: https://www.bls.gov/opub/mlr/1948/article/pdf/labor-force-employment-and-unemployment-1929-39-estimating-methods.pdf.

2 U.S. Bureau of Labor Statistics, Unemployment Rate [UNRATE], retrieved from FRED, Federal Reserve Bank of St. Louis; https://fred.stlouisfed.org/series/UNRATE, July 20, 2020.

3 "Alternative measure of labor underutilization." Household Data, U.S. Bureau of Labor Statistics. Retrieved on 22 July 2020 from: https://www.bls.gov/news.release/empsit.t15.htm.

4 U.S. Bureau of Labor Statistics, Labor Force Participation Rate [CIVPART], retrieved from FRED, Federal Reserve Bank of St. Louis; https://fred.stlouisfed.org/series/CIVPART, July 20, 2020.

5 U.S. Bureau of Labor Statistics, Civilian Labor Force Level [CLF16OV], retrieved from FRED, Federal Reserve Bank of St. Louis; https://fred.stlouisfed.org/series/CLF16OV, July 20, 2020.

6 U.S. Bureau of Labor Statistics, All Employees, Total Nonfarm [PAYEMS], retrieved from FRED, Federal Reserve Bank of St. Louis; https://fred.stlouisfed.org/series/PAYEMS, July 21, 2020.

7 "Labor Force, Employment and Unemployment, 1929-39: Estimating Methods." U.S. Bureau of Labor Statistics, Retrieved on 22 July 2020 from: https://www.bls.gov/opub/mlr/1948/article/pdf/labor-force-employment-and-unemployment-1929-39-estimating-methods.pdf.

8 U.S. Employment and Training Administration, Initial Claims [ICSA], retrieved from FRED, Federal Reserve Bank of St. Louis; https://fred.stlouisfed.org/series/ICSA, July 21, 2020.

9 U.S. Employment and Training Administration, Continued Claims (Insured Unemployment) [CCSA], retrieved from FRED, Federal Reserve

Bank of St. Louis; https://fred.stlouisfed.org/series/CCSA, July 20, 2020.

10 "Unemployment rate and earning by educational attainment." (4 September 2019). Employment Projections, U.S. Bureau of Labor Statistics. Retrieved on 24 July 2020 from: https://www.bls.gov/emp/chart-unemployment-earnings-education.htm.

11 "Labor Force, Employment and Unemployment, 1929-39: Estimating Methods." U.S. Bureau of Labor Statistics, Retrieved on 22 July 2020 from: https://www.bls.gov/opub/mlr/1948/article/pdf/labor-force-employment-and-unemployment-1929-39-estimating-methods.pdf.

CHAPTER 22

1 U.S. Department of the Treasury. Fiscal Service, Federal Debt: Total Public Debt [GFDEBTN], retrieved from FRED, Federal Reserve Bank of St. Louis; https://fred.stlouisfed.org/series/GFDEBTN, July 21, 2020.

2 Ibid.

3 Federal Reserve Bank of St. Louis and U.S. Office of Management and Budget, Federal Debt: Total Public Debt as Percent of Gross Domestic Product [GFDEGDQ188S], retrieved from FRED, Federal Reserve Bank of St. Louis; https://fred.stlouisfed.org/series/GFDEGDQ188S, July 21, 2020.

4 Gopinath, G. (24 June 2020). IMF Blog: Reopening from the Great Lockdown: Uneven and Uncertain Recovery. International Monetary Fund. Retrieved on 20 July 2020 from https://blogs.imf.org/2020/06/24/reopening-from-the-great-lockdown-uneven-and-uncertain-recovery.

5 Ibid.

6 Mayer, J. (18 November 2015). "The Social Security FaÇade." Retrieved 24 July 2020: https://www.usnews.com/opinion/economic-

intelligence/2015/11/18/social-security-and-medicare-have-morphed-into-unsustainable-entitlements.

7 U.S. Social Security Administration. (September 2017). Fast Facts and Figures About Social Security, 2017, p. 8. Retrieved on 21 July 2020: https://www.ssa.gov/policy/docs/chartbooks/fast_facts/2017/.

8 U.S. Social Security Administration. (July 2020). Fast Facts and Figures About Social Security, 2020, p. 37. Retrieved on 21 July 2020: https://www.ssa.gov/policy/docs/chartbooks/fast_facts/2020/fast_facts20.pdf.

9 Ibid.

10 Ibid.

11 Ibid.

CHAPTER 23

1 Board of Governors of the Federal Reserve System (US), Assets: Total Assets: Total Assets (Less Eliminations from Consolidation): Wednesday Level [WALCL], retrieved from FRED, Federal Reserve Bank of St. Louis; https://fred.stlouisfed.org/series/WALCL, July 21, 2020.

2 European Central Bank, Central Bank Assets for Euro Area (11-19 Countries) [ECBASSETSW], retrieved from FRED, Federal Reserve Bank of St. Louis; https://fred.stlouisfed.org/series/ECBASSETSW, July 21, 2020.

3 Federal Reserve. "The Federal Reserve's Monetary Policy Toolkit: Past, Present, and Future." Retrieved from https://www.federalreserve.gov/newsevents/speech/yellen20160826a.htm.

4 Board of Governors of the Federal Reserve System (US), Effective Federal Funds Rate [FEDFUNDS], retrieved from FRED, Federal Reserve Bank of St. Louis; https://fred.stlouisfed.org/series/FEDFUNDS, July 21, 2020.

CHAPTER 24

1 U.S. Bureau of Labor Statistics, Unemployment Rate — White [LNS14000003], retrieved from FRED, Federal Reserve Bank of St. Louis; https://fred.stlouisfed.org/series/LNS14000003, July 22, 2020. U.S. Bureau of Labor Statistics, Unemployment Rate — Black or African American [LNS14000006], retrieved from FRED, Federal Reserve Bank of St. Louis; https://fred.stlouisfed.org/series/LNS14000006, July 22, 2020. U.S. Bureau of Labor Statistics, Unemployment Rate — Hispanic or Latino [LNS14000009], retrieved from FRED, Federal Reserve Bank of St. Louis; https://fred.stlouisfed.org/series/LNS14000009, July 22, 2020. U.S. Bureau of Labor Statistics, Unemployment Rate - Asian [LNU04032183], retrieved from FRED, Federal Reserve Bank of St. Louis; https://fred.stlouisfed.org/series/LNU04032183, July 22, 2020.

2 Ibid.

3 United States Census Bureau, Quarterly Homeownership Rates by Race and Ethnicity of Householder: 1994 to Present. Table 16. Retrieved on 24 July 2020 from U.S. Census Bureau. Retrieved on 24 July 2020 from: https://www.census.gov/housing/hvs/data/histtabs.html.

4 Creamer, John; Kollar, Melissa; Mohanty, Abinash; Semega, Jessica. (September 2019). "Income and Poverty in the United States: 2018." United States Census Bureau, U.S. Census Bureau. Retrieved on 24 July 2020 from: https://www.census.gov/library/visualizations/2019/demo/p60-266.html.

CHAPTER 26

1 Silver, Nate. (16 February 2018). "How Much Did Russian Interference Affect the 2016 Election?" FiveThirtyEight, ABC. Retrieved on 24 July 2020 from: www.fivethirtyeight.com/features/how-much-did-russian-interference-affect-the-2016-election/. See also United States of

America v. Internet Research Agency LLC et al. (2018). 18 U.S.C. §§ 2, 371, 1349, 1028A. Retrieved on 24 July 2020 from: https://www.justice.gov/file/1035477/download.

2 Silver, Nate. (16 February 2018). "How Much Did Russian Interference Affect the 2016 Election?" FiveThirtyEight, ABC, fivethirtyeight.com/features/how-much-did-russian-interference-affect-the-2016-election/.

3 Isaac, Mike, and Daisuke Wakabayashi. (30 October 2017). "Russian Influence Reached 126 Million Through Facebook Alone." The New York Times. Retrieved on 24 July 2020 from: https://www.nytimes.com/2017/10/30/technology/facebook-google-russia.html

4 Silver, Nate. (16 February 2018)."How Much Did Russian Interference Affect the 2016 Election?" FiveThirtyEight, ABC. Retrieved on 24 July 2020 from: www.fivethirtyeight.com/features/how-much-did-russian-interference-affect-the-2016-election/.

5 Turton, William. (30 October 2018). "We Posed as 100 Senators to Run Ads on Facebook. Facebook Approved All of Them." VICE News. Retrieved on 24 July 2020 from: www.vice.com/en_ca/article/xw9n3q/we-posed-as-100-senators-to-run-ads-on-facebook-facebook-approved-all-of-them.

6 Ibid.

7 Anderson, Benedict. (1991). Imagined Communities. New York: Verso. Pp.6, 26-27, 43.

8 Cox, Joseph. (18 December 2018). "TikTok has a Nazi Problem." Vice. Retrieved on 24 July 2020 from: https://www.vice.com/en_us/article/yw74gy/tiktok-neo-nazis-white-supremacy.

9 Sternlicht, Alexandra. (21 July 2020). "TikTok to Hire 10,000 in U.S. as Federal Employees Banned from Downloading App." Forbes. https://Retrieved on 24 July 2020 from: www.forbes.com/sites/

alexandrasternlicht/2020/07/21/tiktok-to-hire-10000-in-us-as-federal-employees-banned-from-downloading-app/.

CHAPTER 28

1 U.S. Employment and Training Administration, Continued Claims (Insured Unemployment) [CCSA], retrieved from FRED, Federal Reserve Bank of St. Louis; https://fred.stlouisfed.org/series/CCSA, July 25, 2020.

코로나19는 사회를 변화시켰다.
개인주의적이고 자기 위주의 사고방식을 가진 수많은 사람이
전염병 확산을 늦추기 위해 갑자기 이타주의로 전환했다.
자기중심적 사고에서 덜 이기적인 방식으로 스스로 행동하고 있다.

코로나19 팬데믹은 사회, 경제, 안보 곳곳에 덮인 베일을 벗겨냈다.
공공연한 비밀과 지금까지 간과되고 있던 위험을 세상에 드러낸 것이다.
국가 안보에서 방심했던 부분까지 수면 위로 떠올라
정치권과 국민은 당황하고 있다.